미래와 통하는 책

동양북스 외국어
베스트 도서
700만 독자의 선택!

새로운 도서,
다양한 자료
동양북스
홈페이지에서
만나보세요!

www.dongyangbooks.com
m.dongyangbooks.com

※ 학습자료 및 MP3 제공 여부는 도서마다 상이하므로 확인 후 이용 바랍니다.

홈페이지 도서 자료실에서 학습자료 및 MP3 무료 다운로드

PC

❶ 홈페이지 접속 후 도서 자료실 클릭
❷ 하단 검색 창에 검색어 입력
❸ MP3, 정답과 해설, 부가자료 등 첨부파일 다운로드
  * 원하는 자료가 없는 경우 '요청하기' 클릭!

MOBILE

* 반드시 '인터넷, Safari, Chrome' App을 이용하여 홈페이지에 접속해주세요. (네이버,
다음 App 이용 시 첨부파일의 확장자명이 변경되어 저장되는 오류가 발생할 수 있습니다.)

❶ 홈페이지 접속 후 ☰ 터치

❷ 도서 자료실 터치

❸ 하단 검색창에 검색어 입력
❹ MP3, 정답과 해설, 부가자료 등 첨부파일 다운로드
  * 압축 해제 방법은 '다운로드 Tip' 참고

중국어뱅크

중국어, 똑똑하게 배우자!

스마트 중국어

김현철 · 김은희 지음
량페이 · 웨이훙 감수

STEP

2

최신
개정

동양북스

스마트 중국어 STEP 2

개정 1쇄 인쇄 | 2023년 3월 10일
개정 2쇄 발행 | 2024년 3월 10일

지은이 | 김현철, 김은희
발행인 | 김태웅
책임편집 | 김상현, 김수연
디자인 | 남은혜, 김지혜
마케팅 총괄 | 김철영
온라인 마케팅 | 김은진
제작 | 현대순

발행처 | (주)동양북스
등   록 | 제 2014-000055호
주   소 | 서울시 마포구 동교로22길 14 (04030)
구입 문의 | 전화 (02)337-1737   팩스 (02)334-6624
내용 문의 | 전화 (02)337-1762   dybooks2@gmail.com

ISBN 979-11-5768-856-2 14720
ISBN 979-11-5768-854-8 (세트)

http://www.dongyangbooks.com

소통 중국어! 표현 중국어!

소통과 표현 중심의 언어교육은 이미 여러 언어에서 실시되고 있으며, 중국어 교육현장에서도 운용되고 있습니다. 이 책은 중국어 표현력을 길러 중국인과 소통하며 중국을 이해할 수 있도록 통합적으로 고안하고 구성한 새로운 형태의 결과물입니다.

같은 표현을 상황별로 재구성하여 학습자들에게 다양한 표현을 익힐 수 있게 하였을 뿐만 아니라 표현 확장을 용이하게 하기 위하여 다양한 장치를 이용하였습니다. 주어진 상황 등의 코너를 중심으로 전체 내용이 유기적으로 구축되어 있어, 천천히 따라가기만 하면 내용을 쉽게 이해할 수 있게 만들어져 있습니다.

특히 중국어를 처음 시작하는 국내의 초급 학습자를 위하여 배경을 한국으로 설정하는 새로운 시도를 감행하였습니다. 즉 중국어 학습을 통해 한국 문화를 널리 알릴 수 있는 좋은 기회이자 한국의 문물과 생활문화를 소개할 수 있도록 구성하였습니다.

소통에는 노력이 필요합니다!
그리고 소통하기 위해서는 잘 표현해야 합니다!

외국어를 능숙하게 표현하고자 한다면 많은 시간과 연습이 필요합니다. 그리고 체계적이고 과학적으로 검증된 학습시스템이 필요합니다. 여기에 한 가지 더, 바로 좋은 교재와 그 교재를 잘 활용할 수 있는 선생님 역시 필요합니다. 우리는 이제 무턱대고 따라 하며 학습하던 시대를 뒤로 하고, 멋지고 유익하며 감탄! 할 수 있는 그런 교재로 공부해야 합니다.

수많은 중국어 책이 시중에 나와 있음에도 불구하고 흔쾌히 새로운 시도를 허락하시고 헌신적으로 출판을 도와주신 동양북스 식구들께도 이 자리를 빌려 감사의 말씀 드립니다. 좋은 분들과 아름다운 생각을 할 수 있어 즐거웠습니다. 그리고 그런 생각들을 이 책을 들고 계신 여러분들에게 전할 수 있어 행복합니다.

재치 있고, 민첩하게, 그리고 빈틈없으며 아는 것이 많은 것이 바로 스마트한 것입니다. 스마트한 중국어를 모아 놓은 『중국어뱅크 스마트 중국어』로 여러분 모두 원활하게 소통하시기 바랍니다.

김현철, 김은희 드림

차례

본문

단어

본문에 나오는 새단어와 구, 짧은 문장으로 자연스럽게 단어-구-문장의 관계를 익히며 단어를 학습합니다.

듣기

본문에 나오는 주요 문장의 듣기 연습입니다. 짧은 문장에서 긴 문장으로 확장된 문장을 들으며 문장 구성 및 듣기 능력을 향상시킬 수 있습니다.

회화

회화는 각 과의 주제와 관련된 3개의 상황으로 이루어져 있습니다. 주요 표현의 경우, 단어를 교체하여 다양한 표현을 할 수 있도록 '교체연습'을 제시하였으며, 일부 내용은 'TIP'을 두어 보충 설명하였습니다.

어법

본문 회화에 포함된 어법 사항을 간단하게 설명하고, 바로 실력을 다질 수 있는 확인 문제를 수록하였습니다.

표현 확장 연습

본문에서 배운 기본 회화 표현을 이용해 다양한 표현을 확장 연습할 수 있도록 하였습니다.

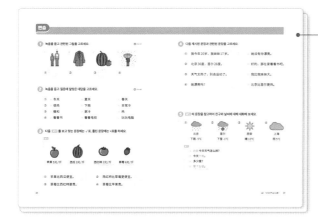

연습

新 HSK 문제와 동일한 유형으로 출제하여 듣기와 읽기 능력을 향상시킬 수 있습니다.(쓰기·말하기는 워크북에서 연습할 수 있도록 했습니다.)

문화

각 과의 주제와 관련된 중국 문화 이야기가 생생한 사진 자료와 함께 수록되어 있습니다.

필수 단어

각 복습과에서는 1~5과 / 7~11과에 나왔던 단어 중 주요 단어를 주제별로 정리하여 외울 수 있도록 하였습니다.

필수 회화

앞 과에서 배운 회화 중 상황별 주요 표현을 복습할 수 있도록 10개 상황의 필수 회화를 정리하였습니다.

단어 익히기 / 회화 익히기

재미있게 단어와 회화를 익히고 연습할 수 있도록 퍼즐, 이야기, 빙고 게임, 사진 보고 말하기, 만화 중국어 등의 흥미로운 연습문제로 복습할 수 있도록 하였습니다.

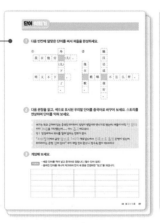

간체자 쓰기

글자의 획순과 해당 글자를 사용한 문장이나 단어를 제시하여 초보 학습자에게 필요한 간체자 연습과 단어 학습을 동시에 할 수 있도록 하였습니다.

본문 받아쓰기 & 스피킹 훈련

3단계로 완벽하게 스피킹 연습을 할 수 있습니다.
STEP1: 듣고 내용 추측하기
STEP2: 듣고 따라 읽으며 회화 빈칸 채우기
STEP3: 역할 바꿔 말하기

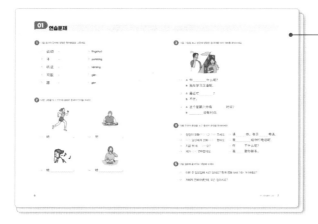

연습문제

본책에 듣기와 읽기 중심의 연습문제가 제공되었다면, 워크북에서는 쓰기와 말하기 중심의 문제를 수록하여 듣기·말하기·읽기·쓰기 능력을 골고루 갖출 수 있도록 하였습니다.

- 이 책의 회화 내용은 배경이 한국이라는 상황하에 집필되었습니다.

- MP3 음원에는 중국어 발음, 단어, 듣기, 회화, 표현 확장 연습, 연습문제의 듣기 문제가 녹음되어 있으며, 본문에 트랙 표시를 해 두었습니다.

- 단어의 품사약어는 다음과 같습니다.

명사	명	형용사	형	인칭대사	
동사	동	조동사	조동	의문대사	대
부사	부	접속사	접	지시대사	
수사	수	감탄사	감	어기조사	
양사	양	접두사	접두	시태조사	조
개사	개	접미사	접미	구조조사	
고유명사	고유	수량사	수량		

등장인물 소개

김 민(金珉)
한국인
중국어를 배우는 학생

박민수(朴民秀)
한국인
중국어를 배우는 학생

장징(张京)
중국인
한국에 온 교환학생
애칭: 징징(京京)

리밍(李明)
중국인
한국에 온 교환학생
애칭: 밍밍(明明)

你在做什么呢?

뭐 하고 계세요?

학습
목표

❶ 전화 통화와 관련된 기본 표현을 익힌다.

❷ 동작의 진행을 나타내는 표현을 익힌다.

기본
표현

❶ 你在做什么呢? Nǐ zài zuò shénme ne?

❷ 我在运动呢。Wǒ zài yùndòng ne.

❸ 下周六是明明的生日。Xiàzhōuliù shì Míngming de shēngrì.

❹ 下周六你有没有时间? Xiàzhōuliù nǐ yǒu méiyǒu shíjiān?

01-01

室友 shìyǒu 몡 룸메이트

找 zhǎo 동 찾다

转告 zhuǎngào 동 전하다

在 zài 부 (지금) ~하고 있다

运动 yùndòng 동 운동하다

听 tīng 동 듣다

说 shuō 동 말하다

听说 tīngshuō 동 듣자하니 ~라 한다

周 zhōu 몡 주, 주일 = 星期 xīngqī

下周 xiàzhōu 몡 다음 주
= 下星期 xiàxīngqī

咱们 zánmen 때 우리 [청자(聽者)를 포함]

聚 jù 동 모이다, 모으다

一下 yíxià 수량 좀, 한번 [동사 뒤에 쓰여 '~을
해 보다', '좀 ~하다'의 의미를 나타냄]

干 gàn 동 (일을) 하다

哦 ó 감 에, 어메, 어헤 [놀람이나 찬탄을 나타냄]

正(在) zhèng(zài) 부 막 (~하고 있다)
[동작의 진행이나 상태의 지속을 나타냄]

正要 zhèng yào 막 ~하려고 하다,
마침 ~하려고 하다

可能 kěnéng 부 아마도

跟 gēn 개 ~에게, ~와

联系 liánxì 동 연락하다

💬 녹음을 듣고 따라 읽어 보세요.   ▶ 01-02

1

Yùndòng.   运动。

Yùndòng ne.   运动呢。

Zài yùndòng ne.   在运动呢。

Wǒ zài yùndòng ne.   我在运动呢。

2

Míngming de shēngrì.   明明的生日。

Shì Míngming de shēngrì.   是明明的生日。

Xiàzhōuliù shì Míngming de shēngrì.   下周六是明明的生日。

3

Yǒu méiyǒu shíjiān?   有没有时间？

Nǐ yǒu méiyǒu shíjiān?   你有没有时间？

Zhōuliù nǐ yǒu méiyǒu shíjiān?   周六你有没有时间？

Xiàzhōuliù nǐ yǒu méiyǒu shíjiān?   下周六你有没有时间？

1 부재중 통화

▶ 01-03

张京 喂, 你好! 明明在吗?
Wéi, nǐ hǎo! Míngming zài ma?

李明的室友 他不在, 你找他有什么事吗?
Tā bú zài, nǐ zhǎo tā yǒu shénme shì ma?

张京 没什么。请转告他, 张京打过电话。
Méi shénme. Qǐng zhuǎngào tā, Zhāng Jīng dǎguo diànhuà.

李明的室友 好的, 再见。
Hǎo de, zàijiàn.

교체 연습

在图书馆
zài túshūguǎn 도서관에 있다

在公司
zài gōngsī 회사에 있다

张京 **民秀，你在做什么呢❶?**
Mínxiù, nǐ zài zuò shénme ne?

朴民秀 **我在运动呢。**
Wǒ zài yùndòng ne.

张京 **听说下周六是明明的生日。**
Tīngshuō xiàzhōuliù shì Míngming de shēngrì.

朴民秀 **那咱们几个聚一下吧❷。**
Nà zánmen jǐ ge jù yíxià ba.

TIP

❶ 呢 ne는 문미에 쓰여 동작의 상황이나 지속을 나타내는 조사로도 쓰입니다.
　예 我在看书呢。Wǒ zài kàn shū ne. (나는 책 보고 있어.)
❷ 「동사＋一下 yíxià」는 '좀 ~해 보다'라는 뜻으로 가볍게 동작을 시도함을 나타냅니다.
　예 请等一下。Qǐng děng yíxià. (좀 기다려 주세요.)

3 약속 정하기 ▶ 01-05

张京
明明，你在干什么呢?
Míngming, nǐ zài gàn shénme ne?

李明
哦，我正要给你打电话呢。
Ó, wǒ zhèng yào gěi nǐ dǎ diànhuà ne.

张京
下周六你有没有时间? 一起吃饭吧。
Xiàzhōuliù nǐ yǒu méiyǒu shíjiān? Yìqǐ chī fàn ba.

李明
可能没有时间。下周五晚上怎么样?
Kěnéng méiyǒu shíjiān. Xiàzhōuwǔ wǎnshang zěnmeyàng?

张京
好的，我再跟你联系。
Hǎo de, wǒ zài gēn nǐ liánxì.

교체연습

不去
bú qù 가지 않다

不在
bú zài 없다

不知道
bù zhīdao 모르다

① 동작의 진행

在는 동사 앞에 쓰여 동작의 진행을 나타낸다. 문장 끝에 呢를 쓰기도 하는데, 이때 呢는 동작의 진행이나 지속을 나타내는 조사이다.

我在运动呢。
Wǒ zài yùndòng ne.

동작의 진행을 나타내는 문장은 「正在…呢」, 「正…呢」, 「在…」, 「…呢」와 같은 형식으로 쓸 수 있다. 경우에 따라서 문장 끝에 呢는 생략할 수 있다.

他正在看书呢。
Tā zhèngzài kàn shū ne.

他正睡觉呢。
Tā zhèng shuìjiào ne.

我在洗苹果。
Wǒ zài xǐ píngguǒ.

外边(儿)下雨呢。
Wàibian(r) xiàyǔ ne.

부정형은 「(在) + 동사」 앞에 没(有)를 쓰며 동사 앞의 在는 생략될 수 있다. 부정문에서는 正, 正在, 呢를 쓰지 않는다.

我在运动呢。
Wǒ zài yùndòng ne.

⟷

我没(在)运动。
Wǒ méi (zài) yùndòng.

现在下雨呢。
Xiànzài xiàyǔ ne.

⟷

现在没下雨。
Xiànzài méi xiàyǔ.

❶ 괄호 안에 주어진 단어가 들어갈 알맞은 위치를 고르세요.

① 我□喝□牛奶□。（在）
　　　niúnǎi 우유

② 我们□上课□。（正在）

③ 他□睡觉□。（呢）

④ 她□在□看□电视□。（没）

❷ 다음 그림을 보고 在를 사용한 동작의 진행을 나타내는 문장을 만드세요.

①

→ _____ 。

②

→ _____ 。

③

→ _____ 。

④

→ _____ 。

② 정반의문문

술어로 사용된 동사나 형용사를 「긍정형 + 부정형」으로 쓰면 의문문이 되는데, 이를 '정반(正反)의문문'이라고 한다. 이때 문장 끝에 의문조사 吗는 붙이지 않는다.

你忙不忙?
Nǐ máng bu máng?

他是不是中国人?
Tā shì bu shì Zhōngguórén?

你去不去?
Nǐ qù bu qù?

有没有别的?
Yǒu méiyǒu biéde?

이음절 동사나 형용사의 정반의문문은 다음과 같이 표현한다.

他高不高兴?
Tā gāo bu gāoxìng?

你知不知道?
Nǐ zhī bu zhīdao?

• 정반의문문에서 긍정형 다음의 부정형은 不로만 쓸 수 있다.
예 在不? / 知不? / 去不?

확인문제

① 다음 문장을 정반의문문으로 바꾸세요.

① 你累吗?　　　→ ＿＿＿＿＿＿＿＿＿?　피곤해, 안 피곤해?

② 他有时间。　　→ ＿＿＿＿＿＿＿＿＿?　그는 시간이 있어, 없어?

③ 他要这个吗?　→ ＿＿＿＿＿＿＿＿＿?　그가 이것을 원해, 원하지 않아?

④ 明天我们去学校。→ ＿＿＿＿＿＿＿＿＿?　내일 우리 학교에 가, 안 가?

② 정반의문문을 써서 대화를 완성하세요.

① A: ＿＿＿＿＿＿＿＿＿?　　B: 他没有弟弟。

② A: ＿＿＿＿＿＿＿＿＿?　　B: 这不是汉语书。

③ A: ＿＿＿＿＿＿＿＿＿?　　B: 我去王老师家。

④ A: ＿＿＿＿＿＿＿＿＿?　　B: 我买这本书。

③ 부사 可能

可能은 '아마도'라는 뜻의 부사로 추측의 의미를 나타낸다. 可能은 부사이므로 동사·조동사 앞이나 주어 앞에 쓸 수 있다.

可能没有时间。
Kěnéng méiyǒu shíjiān.

他可能知道这件事。
Tā kěnéng zhīdao zhè jiàn shì.

可能下雪了。
Kěnéng xiàxuě le.
└─ 눈이 오다

可能他还不知道。
Kěnéng tā hái bù zhīdao.

可能의 부정형은 不可能(~할 리 없다)으로, 부정적인 추측을 나타낸다.

他不可能知道这件事。
Tā bù kěnéng zhīdao zhè jiàn shì.

妈妈不可能来学校。
Māma bù kěnéng lái xuéxiào.
└─ 오다

확인문제

❶ 可能이 들어갈 수 있는 위치를 고르세요.

① 爸爸□不在公司□。

② 我□没有□时间□去你家。

③ 他□明年回国□。
└─ huíguó 귀국하다

④ 明天□下雨□。

❷ 제시된 우리말을 참고하여 빈칸에 可能 또는 不可能을 쓰세요.

① _____他还不知道这件事。 그는 이 일을 아직 모를 거예요.

② 他_____来我家。 그가 우리 집에 올 리 없어요.

③ 明天_____不下雪。 내일은 눈이 오지 않을 거예요.

④ 他_____喜欢我。 그가 저를 좋아할 리 없어요.
└─ xǐhuan 좋아하다

▶ 01-06

①

A 请转告他，张京打过电话。
Qǐng zhuǎngào tā, Zhāng Jīng dǎguo diànhuà.

B 好的。
Hǎo de.

来过这儿 láiguo zhèr 여기 왔었다

在找他 zài zhǎo tā 그를 찾고 있다

明天再来 míngtiān zài lái 내일 다시 오다

②

A 听说下周六是明明的生日。
Tīngshuō xiàzhōuliù shì Míngming de shēngrì.

B 那咱们几个聚一下吧。
Nà zánmen jǐ ge jù yíxià ba.

明明要回国 Míngming yào huíguó 밍밍이 귀국할 것이다

明明要搬家 Míngming yào bānjiā 밍밍이 이사할 것이다

③

A 你在干什么呢?
Nǐ zài gàn shénme ne?

B 我正要给你打电话呢。
Wǒ zhèng yào gěi nǐ dǎ diànhuà ne.

去找你 qù zhǎo nǐ 너를 찾으러 가다

去上课 qù shàngkè 수업하러 가다

睡觉 shuìjiào 잠자다

1 녹음을 듣고 관련된 그림을 고르세요. ▶ 01-07

A  B C D

① ② ③ ④

2 녹음을 듣고 질문에 알맞은 대답을 고르세요. ▶ 01-08

① A 运动　　　B 洗苹果　　　C 洗衣服

② A 下周五　　　B 下周六　　　C 下周

③ A 学习　　　B 吃饭　　　C 洗衣服

④ A 有时间　　　B 可能没有时间　　　C 很忙

3 다음 빈칸에 들어갈 수 있는 단어를 고르세요.

> 보기
>
> A 正　　B 可能　　C 看　　D 呢　　E 听

① 我去他家的时候，他正在运动_____。

② 他没在运动，在_____电视。

③ 他不_____知道这件事。

④ 我_____要给你打电话呢。

4 다음 제시된 문장과 관련된 문장을 고르세요.

① 她身体不好。 [ ] A 我在看电视呢。

② 周六你有没有时间? [ ] B 周六可能没有时间。

③ 你在干什么呢? [ ] C 她可能不去上课。

④ 明天是民秀的生日。 [ ] D 那咱们聚一下吧。

5 보기 의 회화를 참고하여 친구와 전화로 약속을 정하는 대화를 연습해 보세요.

①

看电影 kàn diànyǐng

②

吃饭 chī fàn

③

喝咖啡 hē kāfēi
마시다 ——┘ └—— 커피

④

学习 xuéxí

보기

A: 下周五你有没有时间? 一起看电影吧。

B: 可能没有时间, 下周六怎么样?

A: 好的, 我再跟你联系。

중국의 휴대전화

중국을 대표하는 휴대전화 통신 회사로는 차이나 텔레콤(中国电信 Zhōngguó diànxìn), 차이나 모바일(中国移动通信 Zhōngguó yídòng tōngxìn), 차이나 유니콤(中国联通 Zhōngguó liántōng) 이 있습니다.

중국 차이나 유니콤사의 휴대전화 번호는 130, 131, 132, 133으로 시작하며, 또 다른 경쟁 업체 인 차이나 모바일사의 번호는 136, 137, 138, 139로 시작합니다.(요즘은 150과 170번대 번호도 나오고 있다) 번호는 일반적으로 133-****-****으로 중간과 끝의 4자리가 자신의 휴대전화 번 호가 됩니다.

전화요금은 보통 6마오이고, 후불제 전화요금은 2마오인데, 후불제 전화는 신청이 매우 까다 로워 대부분의 사람들이 카드 충전식 휴대전화를 사용합니다.(요금은 지역에 따라 다양하며, 보통 다른 성으로 전화를 걸 경우 요금이 비싸다)

중국에서 휴대전화를 사용하려면 우리나라처럼 통신사에 가입하는 것이 아니라 휴대전화 기 계와 SIM카드, 그리고 요금충전카드를 따로 사서 충전을 해야 사용할 수 있습니다.

차이나 텔레콤

차이나 모바일

차이나 유니콤

今天天气怎么样?

오늘 날씨는 어때요?

학습 목표

① 날씨 및 계절에 관해 묻고 대답할 수 있다.

② 비교를 나타내는 표현을 말할 수 있다.

③ 동작이나 상태의 변화를 나타내는 표현을 익힌다.

기본 표현

① 今天天气怎么样? Jīntiān tiānqì zěnmeyàng?

② 今天比昨天暖和。 Jīntiān bǐ zuótiān nuǎnhuo.

③ 外边(儿)下雨了。 Wàibian(r) xiàyǔ le.

④ 别去跑步了。 Bié qù pǎobù le.

▶ 02-01

天气 tiānqì 명 날씨

干燥 gānzào 형 건조하다

非常 fēicháng 부 매우

更 gèng 부 더, 더욱

比 bǐ 개 ~보다

跑步 pǎobù 동 달리다

暖和 nuǎnhuo 형 따뜻하다

外边(儿) wàibian(r) 명 밖, 바깥

预报 yùbào 동 명 예보(하다)

雨 yǔ 명 비

冷 lěng 형 춥다 ↔ 热 rè 형 덥다

下雨 xiàyǔ 동 비가 오다

出 chū 동 나가다, 나오다

哎呀 āiyā 감 아이고, 이런, 아차, 이런 [유감 · 놀람 · 원망 · 불만을 나타내는 감탄사]

出门 chūmén 동 외출하다

怎么办 zěnme bàn 어떻게 하다

出去 chūqù 동 나가다

别(…了) bié(…le) 부 ~하지 마라

穿 chuān 동 입다

看 kàn 동 보다

喜欢 xǐhuan 동 좋아하다

书 shū 명 책

季节 jìjié 명 계절

看书 kàn shū 동 책을 보다

春天 chūntiān 명 봄

首尔 Shǒu'ěr 고유 서울 [지명]

녹음을 듣고 따라 읽어 보세요.   ▶ 02-02

①

Nuǎnhuo.	暖和。
Bǐ zuótiān nuǎnhuo.	比昨天暖和。
Jīntiān bǐ zuótiān nuǎnhuo.	今天比昨天暖和。

②

Xiàyǔ.	下雨。
Xiàyǔ le.	下雨了。
Wàibian(r) xiàyǔ le.	外边(儿)下雨了。

③

Pǎobù.	跑步。
Qù pǎobù le.	去跑步了。
Bié qù pǎobù le.	别去跑步了。

1 날씨 묻기

▶ 02-03

金珉
今天天气怎么样?
Jīntiān tiānqì zěnmeyàng?

李明
非常好。今天比昨天暖和。
Fēicháng hǎo. Jīntiān bǐ zuótiān nuǎnhuo.

金珉
天气预报说，明天比今天冷。
Tiānqì yùbào shuō, míngtiān bǐ jīntiān lěng.

李明
明天出门多穿点儿衣服吧❶。
Míngtiān chūmén duō chuān diǎnr yīfu ba.

교체연습

热
rè 덥다

冷
lěng 춥다

凉快
liángkuai 시원하다

TIP

❶ 多 duō는 '많다'라는 뜻으로, 동사 앞에 놓여 그 동작을 더 많이 한다는 의미를 나타냅니다.
　예 多吃点儿 duō chī diǎnr (많이 드세요) ↔ 少吃点儿 shǎo chī diǎnr (적게 드세요)

朴民秀
京京，你喜欢什么季节？
Jīngjing, nǐ xǐhuan shénme jìjié?

张京
我喜欢春天。春天不冷也不热②。
Wǒ xǐhuan chūntiān. Chūntiān bù lěng yě bú rè.

朴民秀
首尔的春天很干燥，北京呢？
Shǒu'ěr de chūntiān hěn gānzào, Běijīng ne?

张京
北京的春天比首尔更干燥。
Běijīng de chūntiān bǐ Shǒu'ěr gèng gānzào.

교체연습

夏天
xiàtiān 여름

秋天
qiūtiān 가을

冬天
dōngtiān 겨울

TIP

② 「不 A 不 B bù A bù B」는 'A하지도 B하지도 않다'는 뜻으로, A와 B에는 주로 뜻이 반대되는 일음절 형용사가 쓰입니다.
예 不多不少 bù duō bù shǎo (많지도 적지도 않다)

③ 비 오는 날 ▶ 02-05

张京
金珉，我要出去跑步了。
Jīn Mín, wǒ yào chūqù pǎobù le.

金珉
你看! 外边儿下雨了。
Nǐ kàn! Wàibianr xiàyǔ le.

张京
哎呀! 怎么办?
Āiyā!　Zěnme bàn?

金珉
别去跑步了，在家看看书吧③。
Bié qù pǎobù le,　zài jiā kànkan shū ba.

교체연습

运动
yùndòng 운동하다

散步
sànbù 산책하다

玩(儿)
wán(r) 놀다

TIP

③ **看看** kànkan과 같이 동사를 AA 형식으로 중첩할 수 있습니다. 동사를 중첩하면 그 동작을 한 시간이 짧거나 '시험 삼아 해
보다'라는 의미를 나타냅니다. 이때 두 번째 동사는 경성으로 읽습니다.

32

① 比 비교문

比는 '~보다'라는 뜻으로, 「A + 比 + B + 비교 결과(형용사)」의 형식으로 쓰여 'A는 B보다 ~하다'라는
뜻을 나타낸다.

今天比昨天暖和。

Jīntiān bǐ zuótiān nuǎnhuo.

这只老鼠比猫还大。

Zhè zhī lǎoshǔ bǐ māo hái dà.

这个比那个更好。

Zhè ge bǐ nà ge gèng hǎo.

明天比今天冷一点儿。

Míngtiān bǐ jīntiān lěng yìdiǎnr.

> • 비교문에서 형용사 앞에 很, 非常, 太와 같은
> 부사를 사용할 수 없다. 비교의 정도를 나타낼
> 때는 형용사 앞에 更, 还를 쓰거나, 형용사 뒤
> 에 一点儿, 一些(yìxiē, 좀)를 써서 '좀 ~하
> 다'라는 의미를 나타낸다.

비교를 나타낼 때 比 대신 有를 써서 「A + 有 + B + 비교 결과(형용사)」의 형식으로도 쓰인다. 이때 有
는 '~만큼'의 뜻을 나타낸다.

비교문의 부정형은 일반적으로 不比, 没有로 나타낸다.

他比我高。
Tā bǐ wǒ gāo.

⟷

他不比我高。
Tā bù bǐ wǒ gāo. 그는 나보다 크지 않다.

他没有我高。
Tā méiyǒu wǒ gāo. 그는 나만큼 크지 않다.

· 不比와 没有는 의미상 약간의 차이가 있다.

확인 문제

❶ 틀린 문장을 고르세요.

① 他我比大。　　　□

② 这个比那个很贵。　　　□

③ 这本书比那本书好一点。　　　□

④ 她比我漂亮。　　　□

❷ 다음 제시된 내용으로 比 비교문을 만드세요.

①

哥哥: 172cm / 弟弟: 130cm

➡ _____ 。

②

笔: 10元　/　词典: 35元

➡ _____ 。

③

西瓜: 2块/斤　/　苹果: 4块/斤

➡ _____ 。

④

昨天: 22℃　/　今天: 18℃

➡ _____ 。

② 어기조사 了

어기조사(语气助词)란 문장 끝에 쓰여, 말하는 사람의 판단·감정 등을 나타내는 조사이다. 了가 문장 끝에 쓰이면 새로운 상황의 출현이나 상황의 변화를 나타낸다.

天气冷了。
Tiānqì lěng le.

冬天了。
Dōngtiān le.

我要出去跑步了。
Wǒ yào chūqù pǎobù le.

十一点了，快睡吧。
Shíyī diǎn le, kuài shuì ba.

확인문제

❶ 다음 문장을 了를 써서 변화를 나타내는 문장으로 바꾸세요.

① 我很饿。

→ _____。   나는 배고파졌다.

② 天气很暖和。

→ _____。   날씨가 따뜻해졌다.

③ 现在是秋天。

→ _____。   가을이 되었다.

④ 天很阴。

→ _____。   날씨가 흐려졌다.

③ 부사 别

别는 '~하지 마라'라는 뜻으로 상대방이 하고 있는 어떤 행위를 하지 말라고 요구할 때 쓴다. 문장 끝에 어기조사 了를 쓰기도 한다.

别吃。
Bié chī.

别想了。
Bié xiǎng le.
생각하다

别去跑步了。
Bié qù pǎobù le.

别喝了。
Bié hē le.

확인문제

❶ 다음 제시된 단어를 재배열하여 문장을 완성하세요.

① 玩 / 了 / 别 / 电脑　　→ ＿＿＿＿＿＿＿＿＿＿。　컴퓨터 하지 마라.

② 给 / 别 / 他 / 衣服 / 买　→ ＿＿＿＿＿＿＿＿＿＿。　그에게 옷을 사 주지 마라.

③ 出去 / 了 / 别 / 玩　　　→ ＿＿＿＿＿＿＿＿＿＿。　나가 놀지 마라.

④ 喝酒 / 了 / 别　　　　　→ ＿＿＿＿＿＿＿＿＿＿。　술 마시지 마라.

❷ 알맞은 문장을 골라 대화를 완성하세요.

A 别见他了。　　B 别出去。　　C 别吃。　　D 别喝。

① 我想吃汉堡包。　　（　）

② 我想见他。　　　　（　）

③ 我要出去玩。　　　（　）

④ 我想喝可乐。　　　（　）

▶ 02-06

①

A 今天天气怎么样？
Jīntiān tiānqì zěnmeyàng?

B 非常好。
Fēicháng hǎo.

明天 míngtiān 내일

后天 hòutiān 모레

周末 zhōumò 주말

②

A 你喜欢哪个季节？
Nǐ xǐhuan nǎ ge jìjié?

B 我喜欢春天。
Wǒ xǐhuan chūntiān.

夏天 xiàtiān 여름

秋天 qiūtiān 가을

冬天 dōngtiān 겨울

③

A 外边(儿)下雨了，怎么办？
Wàibian(r) xiàyǔ le, zěnme bàn?

B 在家看看书吧。
Zài jiā kànkan shū ba.

听听音乐 tīngting yīnyuè 음악을 좀 듣다

喝喝咖啡 hēhe kāfēi 커피를 좀 마시다

玩玩儿 wánwanr 좀 놀다

1 녹음을 듣고 관련된 그림을 고르세요. ▶ 02-07

A   B   C  D

① ___ ② ___ ③ ___ ④ ___

2 녹음을 듣고 질문에 알맞은 대답을 고르세요. ▶ 02-08

① A 冬天   B 夏天   C 春天

② A 很热   B 下雨   C 非常冷

③ A 暖和   B 更冷   C 热

④ A 看看书   B 看看电视   C 玩玩电脑

3 다음 보기 를 보고 맞는 문장에는 √표, 틀린 문장에는 ×표를 하세요.

보기

苹果 5元 / 斤   西瓜 3元 / 斤   西红柿 2元 / 斤   草莓 6元 / 斤
                                    xīhóngshì 토마토   cǎoméi 딸기

① 苹果比西瓜便宜。 ___   ② 西红柿比草莓更便宜。 ___

③ 草莓比西红柿更贵。 ___   ④ 草莓比苹果贵。 ___

4 다음 제시된 문장과 관련된 문장을 고르세요.

① 我今年 20 岁，我妹妹 17 岁。 ☐　A 她没有你漂亮。

② 北京 36 度，首尔 26 度。 ☐　B 好的，那在家看看书吧。
　　└ du 도(온도 단위)

③ 天气太热了，别去运动了。 ☐　C 我比我妹妹大。

④ 她漂亮吗？ ☐　D 北京比首尔更热。

5 [보기] 의 문장을 참고하여 친구와 날씨에 대해 대화해 보세요.

① 　② 　③ 　④

北京　　　　首尔　　　　西安　　　　上海

下雨 -5℃　下雪 -1℃　晴 13℃　阴 5℃
　　　　　　　　　　└ qíng 맑다

[보기]

A: 北京今天天气怎么样？

B: 今天下雨。

A: 多少度？

B: 零下五度。
　└ língxià 영하

중국의 날씨

과거 중국에서는 양쯔강(扬子江 Yángzǐ Jiāng, 창강 长江 Chángjiāng) 유역의 4개 도시인 난창(南昌 Nánchāng), 충칭(重庆 Chóngqìng), 우한(武汉 Wǔhàn), 난징(南京 Nánjīng)의 폭염을 일컬어 '4대 화로(四大火炉 sì dà huǒlú)'라고 했지만 최근에는 베이징(北京 Běijīng), 상하이(上海 Shànghǎi), 톈진(天津 Tiānjīn), 청두(成都 Chéngdū) 등과 같이 인구와 차량이 많은 대도시가 새로운 '4대 화로'로 일컬어집니다.

중국의 기후는 열대부터 냉대, 사막, 건조 기후까지 다양합니다. 베이징을 중심으로 한 화베이(华北 Huáběi) 지방은 한국의 날씨와 거의 비슷하지만, 봄에는 황사, 여름은 건조하고, 겨울에는 바람이 심한 특징이 있습니다. 상하이(上海 Shànghǎi), 쑤저우(苏州 Sūzhōu), 항저우(杭州 Hángzhōu), 홍콩(香港 Xiānggǎng), 광저우(广州 Guǎngzhōu) 등 남쪽 지방은 아열대 기후가 주를 이루고 있어 겨울에도 영하로 내려가는 경우가 거의 없습니다. 또한 초원과 사막이 펼쳐진 중국의 서쪽은 건조한 기후입니다.

이처럼 중국은 광활한 영토에 걸쳐 여러 기후가 공존하고 있기 때문에, 중국 여행을 하거나 체류할 때 그 지방의 날씨와 환경을 먼저 알고 준비해야 합니다.

地铁站怎么走?

지하철역은 어떻게 가죠?

학습 목표

① 길 물기와 관련된 표현을 익힌다.
② 위치와 방향을 나타내는 표현을 익힌다.

기본 표현

① 地铁站怎么走? Dìtiězhàn zěnme zǒu?

② 离这儿远吗? Lí zhèr yuǎn ma?

③ 十分钟就到。 Shí fēnzhōng jiù dào.

④ 前边(儿)有个商店。 Qiánbian(r) yǒu ge shāngdiàn.

03-01

请问 qǐngwèn 동 말씀 좀 묻겠습니다

地铁 dìtiě 명 지하철

站 zhàn 명 역 동 서다

地铁站 dìtiězhàn 명 지하철역

走 zǒu 동 가다, 걷다, 떠나다

路人 lùrén 명 행인, 지나가는 사람

过 guò 동 건너다, 지나가다

马路 mǎlù 명 큰길

一直 yìzhí 부 곧장, 줄곧

往 wǎng 개 ~쪽으로 [방위 · 장소를 나타냄]

前 qián 명 앞
= 前边(儿) qiánbian(r)

离 lí 개 ~로부터, ~에서
[시간 · 공간의 거리를 나타냄]

远 yuǎn 형 멀다 ↔ 近 jìn 형 가깝다

饭店 fàndiàn 명 호텔

雪山饭店 Xuěshān Fàndiàn 고유 설산 호텔

下车 xiàchē 동 차에서 내리다

首尔站 Shǒu'ěrzhàn 고유 서울역

行 xíng 형 좋다, 괜찮다

长 cháng 형 길다, 오래되다 [시간 · 공간의 길이]

多长时间 duō cháng shíjiān
(시간이) 얼마나, 얼마의 시간이

分钟 fēnzhōng 명 분 [시간의 길이]

从 cóng 개 ~부터

路口 lùkǒu 명 길목

十字路口 shízì lùkǒu 명 사거리

右 yòu 명 오른쪽 ↔ 左 zuǒ 명 왼쪽

拐 guǎi 동 방향을 바꾸다, 돌아가다

然后 ránhòu 접 그런 후에, 그 다음에

米 mǐ 양 미터

商店 shāngdiàn 명 상점

旁边(儿) pángbiān(r) 명 옆쪽

녹음을 듣고 따라 읽어 보세요. ▶ 03-02

1

Zǒu. 走。

Zěnme zǒu? 怎么走？

Dìtiězhàn zěnme zǒu? 地铁站怎么走？

2

Yuǎn. 远。

Yuǎn ma? 远吗？

Lí zhèr yuǎn ma? 离这儿远吗？

3

Yǒu. 有。

Yǒu ge shāngdiàn. 有个商店。

Qiánbian(r) yǒu ge shāngdiàn. 前边(儿)有个商店。

① 길 묻기

▶ 03-03

张京　请问，地铁站怎么走?
Qǐngwèn, dìtiězhàn zěnme zǒu?

路人　过马路，一直往前走。
Guò mǎlù, yìzhí wǎng qián zǒu.

张京　离这儿远吗①?
Lí zhèr yuǎn ma?

路人　不远，就在前边儿。
Bù yuǎn, jiù zài qiánbianr.

교체연습

学校
xuéxiào 학교

医院
yīyuàn 병원

图书馆
túshūguǎn 도서관

TIP

① 这儿 zhèr은 '여기'라는 뜻으로 这里 zhèlǐ와 같은 의미입니다. ↔ 那里 nàlǐ / 那儿 nàr 거기, 그곳

② 정류장 묻기

▶ 03-04

张京 　**去雪山饭店在哪儿下车?**
　　Qù Xuěshān Fàndiàn zài nǎr xiàchē?

路人 　**在首尔站下车就行。**
　　Zài Shǒu'ěrzhàn xiàchē jiù xíng.

张京 　**还要多长时间❷?**
　　Hái yào duō cháng shíjiān?

路人 　**十分钟就到。**
　　Shí fēnzhōng jiù dào.

교체 연습

两分钟
liǎng fēnzhōng 2분

五分钟
wǔ fēnzhōng 5분

TIP

❷ 要 yào는 여기서 '(시간이) 걸리다, 소요되다'는 의미로 쓰였습니다.

③ 위치 알려 주기

▶ 03-05

张京　金珉，我在首尔站，
Jīn Mín, wǒ zài Shǒu'ěrzhàn,

从这儿怎么走？
cóng zhèr zěnme zǒu?

金珉　在前边儿的十字路口往右拐。
Zài qiánbianr de shízì lùkǒu wǎng yòu guǎi.

张京　然后呢？
Ránhòu ne?

金珉　再往前走十米，前边儿有个商店，
Zài wǎng qián zǒu shí mǐ, qiánbianr yǒu ge shāngdiàn,

雪山饭店就在商店的旁边儿。
Xuěshān Fàndiàn jiù zài shāngdiàn de pángbiānr.

교체 연습

左边(儿)
zuǒbian(r) 왼쪽

对面(儿)
duìmiàn(r) 맞은편

后边(儿)
hòubian(r) 뒤, 뒤쪽

1 방위사

방위나 위치를 나타내는 단어를 방위사(方位词)라고 한다. 방위사에는 '쪽'의 의미인 边 biān, 面 miàn, 头 tóu를 붙여 쓰기도 한다. 左 / 右는 头와 함께 쓰이지 않는다.

• 이때 边, 面, 头 모두 경성으로 읽습니다.

	边(儿) biān(r)	面(儿) miàn(r)	头(儿) tóu(r)
上 shàng 위	上边(儿) shàngbian(r)	上面(儿) shàngmian(r)	上头(儿) shàngtou(r)
下 xià 아래	下边(儿) xiàbian(r)	下面(儿) xiàmian(r)	下头(儿) xiàtou(r)
里 lǐ 안	里边(儿) lǐbian(r)	里面(儿) lǐmian(r)	里头(儿) lǐtou(r)
外 wài 밖	外边(儿) wàibian(r)	外面(儿) wàimian(r)	外头(儿) wàitou(r)
左 zuǒ 왼쪽	左边(儿) zuǒbian(r)	左面(儿) zuǒmian(r)	—
右 yòu 오른쪽	右边(儿) yòubian(r)	右面(儿) yòumian(r)	—
东 dōng 동	东边(儿) dōngbian(r)	东面(儿) dōngmian(r)	东头(儿) dōngtou(r)
南 nán 남	南边(儿) nánbian(r)	南面(儿) nánmian(r)	南头(儿) nántou(r)
西 xī 서	西边(儿) xībian(r)	西面(儿) xīmian(r)	西头(儿) xītou(r)
北 běi 북	北边(儿) běibian(r)	北面(儿) běimian(r)	北头(儿) běitou(r)

확인문제

❶ 다음 그림을 보고 빈칸에 알맞은 방위사를 고르세요.

| A 下 | B 上 | C 旁 | D 北 | E 里 |

① 自行车在车□边(儿)。
② 猫在车□边(儿)。
③ 车□边(儿)有两只狗。
④ 车□边(儿)有一个男人。

2 개사 往, 离

往은 '~으로 (향하여)'라는 뜻으로, 동작의 방향을 표현할 때 사용한다. 往 뒤에는 주로 前, 后 등의 방위나 장소를 나타내는 단어를 쓴다.

往前走。
Wǎng qián zǒu.

往右拐。
Wǎng yòu guǎi.

一直往东走。
Yìzhí wǎng dōng zǒu.

别往这边(儿)来。
Bié wǎng zhèbian(r) lái.

离는 '~에서, ~로부터 (떨어지다)'라는 뜻으로 공간이나 시간의 거리를 표현할 때 사용한다.

离那儿很近。
Lí nàr hěn jìn.

火车站离这儿不远。
Huǒchēzhàn lí zhèr bù yuǎn.

离上课时间还有十分钟。
Lí shàngkè shíjiān hái yǒu shí fēnzhōng.

离汉语考试还有两天。
Lí Hànyǔ kǎoshì hái yǒu liǎng tiān.

❶ 다음 빈칸에 들어갈 알맞은 단어를 고르세요.

A 在   B 离   C 往   D 从

① □这儿到我家要五分钟。   ② 我家□这儿很近。

③ 一直走，□左拐。   ④ 我□图书馆学习。

❷ 다음 제시된 단어를 재배열하여 문장을 완성하세요.

① 离这儿 / 远 / 不 / 学校

➡ _____。   학교는 여기에서 멀지 않다.

② 走 / 往北 / 就行 / 一百米

➡ _____。   북쪽으로 100미터 가면 된다.

③ 麦当劳 / 前边(儿) / 拐 / 往右

➡ _____。   앞에 맥도날드에서 우회전한다.

④ 电影时间 / 二十分钟 / 还有 / 离

➡ _____。   영화 시간이 아직 20분 남았다.

③ 존재문

有는 '있다'라는 뜻으로, 「장소 + 有 + 사람/사물」의 형식으로 쓰여 특정 장소에 사람이나 사물이 있음을 나타낸다.

学校前边(儿)有饭店。
Xuéxiào qiánbian(r) yǒu fàndiàn.

房间里有两个人。
Fángjiān lǐ yǒu liǎng ge rén.

床上有一本书。
Chuáng shàng yǒu yì běn shū.
침대

书上有一张纸。
Shū shàng yǒu yì zhāng zhǐ.
종이
장[표 등을 세는 양사]

在(~에 있다)를 사용해서 사물의 위치를 자주 표현한다. 在는 「사람/사물 + 在 + 장소」의 형식으로 쓰여 사람이나 사물이 특정한 장소에 있음을 나타낸다.

床在房间里。
Chuáng zài fángjiān lǐ.

书在床上。
Shū zài chuáng shàng.

확인문제

❶ 다음 빈칸에 在 또는 有를 쓰세요.

① 我□这儿。

② 我家旁边(儿)□商店。

③ 桌子上面(儿)□一杯牛奶。
zhuōzi 탁자

④ 中国餐厅□学校对面(儿)。

❷ 제시된 문장의 有와 용법이 다른 것을 모두 고르세요.

> 商店旁边(儿)有饭店。

① 我有很多朋友。

② 车上边(儿)有一只猫。

③ 学校里有图书馆。

④ 他有两个哥哥。

▶ 03-06

①

A 离这儿远吗?
Lí zhèr yuǎn ma?

B 不远。
Bù yuǎn.

很远 hěn yuǎn 아주 멀다

不太远 bú tài yuǎn 그다지 멀지 않다

很近 hěn jìn 아주 가깝다

②

A 去雪山饭店在哪儿下车?
Qù Xuěshān Fàndiàn zài nǎr xiàchē?

B 在首尔站下车就行。
Zài Shǒu'ěrzhàn xiàchē jiù xíng.

地铁站 dìtiězhàn 지하철역

火车站 huǒchēzhàn 기차역

商店 shāngdiàn 상점

③

A 从这儿怎么走?
Cóng zhèr zěnme zǒu?

B 在前边(儿)的十字路口往右拐。
Zài qiánbian(r) de shízì lùkǒu wǎng yòu guǎi.

左 zuǒ 왼쪽

东 dōng 동쪽

西 xī 서쪽

연습

1 녹음을 듣고 관련된 그림을 고르세요.

03-07

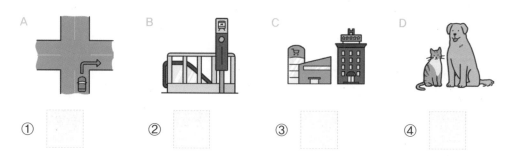

A   B   C   D

①   ②   ③   ④

2 녹음을 듣고 지도에서 질문에 해당하는 위치를 고르세요.

03-08

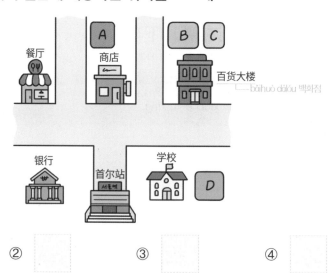

餐厅   商店   A   B   C

百货大楼

bǎihuò dàlóu 백화점

银行   首尔站   学校   D

①   ②   ③   ④

3 다음 빈칸에 들어갈 수 있는 단어를 고르세요.

> **보기**
>
> A 下边(儿)   B 往   C 有   D 在   E 离

① 一直_____前走。

② 自行车_____有一只猫。

③ 我家_____学校旁边(儿)。

④ 学校_____你家近吗？

4 다음 제시된 문장과 관련된 문장을 고르세요.

① 请问，火车站怎么走？ [ ] A 五分钟就到。

② 离这儿远吗？ [ ] B 火车站就在前边(儿)。

③ 还要多长时间？ [ ] C 首尔站下车。

④ 去地铁站在哪儿下车？ [ ] D 不远，很近。

5 다음 지도를 보고 위치를 묻고 대답하는 표현을 연습해 보세요.

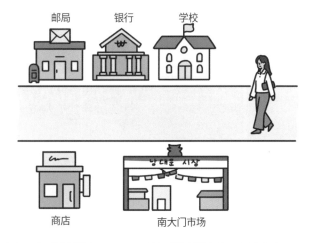

邮局　银行　学校

商店　南大门市场

질문

南大门市场在哪儿？

邮局怎么走？

银行右边(儿)有什么？

중국의 교통수단

중국의 대중교통수단으로는 자전거, 버스, 택시, 지하철 등이 있습니다.

자전거(自行车 zìxíngchē)는 중국인의 대표적인 교통수단으로, 중국의 대부분의 도시에는 자전거길이 마련되어 있고, 자전거가 쉽게 오를 수 있도록 육교의 계단도 완만하게 되어 있을 뿐만 아니라 자전거를 쉽게 끌고 오르내릴 수 있게 평평한 부분도 있습니다.

버스(公交车 gōngjiāochē)는 일반버스, 트롤리버스, 2층버스 등이 있습니다. 버스 번호는 路 lù로 나타내며, 요금은 구간에 따라 다릅니다. 택시는 북쪽지방에서는 出租车 chūzūchē, 남쪽지방에서는 的士 díshì로 불리며, 지방마다 기본요금과 구간요금이 다릅니다. 지하철(地铁 dìtiě)은 중국의 대도시에서 점점 버스나 택시를 대체하는 교통수단으로 자리매김하고 있습니다.

이 밖에도 미니버스(小巴 xiǎobā), 대형 세발자전거에 뒷좌석을 붙인 형태의 인력거가 있습니다.

중국의 대표적인 교통수단 자전거　　　　두 량의 버스가 이어진 트롤리버스　　　　관광지 등에서 자주 애용되는 인력거

04

周末你做什么了?

주말에 뭐 했어요?

학습 목표

❶ 일상을 묻고 대답하는 표현을 익힌다.
❷ 동작의 완료와 동작의 시간을 나타내는 표현을 익힌다.

기본 표현

❶ 周末你做什么了? Zhōumò nǐ zuò shénme le?
❷ 她已经回上海了。 Tā yǐjing huí Shànghǎi le.
❸ 我想在家好好儿休息。 Wǒ xiǎng zài jiā hǎohāor xiūxi.
❹ 我每晚运动一个小时。 Wǒ měi wǎn yùndòng yí ge xiǎoshí.

周末 zhōumò 명 주말

了 le 조 동작이나 상태의 완료 · 실현을 나타내는 조사

来 lái 동 오다

逛街 guàngjiē 동 거리를 거닐다, 쇼핑하다

已经 yǐjing 부 이미

回 huí 동 돌아오다, 돌아가다

上海 Shànghǎi 고유 상하이[지명]

脸色 liǎnsè 명 안색, 낯빛

不太 bú tài 그다지 ~하지 않다

没事 méishì 괜찮다

学期 xuéqī 명 학기

比较 bǐjiào 부 비교적

天天 tiāntiān 부 매일

写 xiě 동 (글씨를) 쓰다

作业 zuòyè 명 숙제

死了 sǐ le ~해 죽겠다

累死了 lèi sǐ le 피곤해 죽겠다

小时 xiǎoshí 명 시간

只 zhǐ 부 다만, 단지

好好儿 hǎohāor 부 잘

休息 xiūxi 동 쉬다

一般 yìbān 형 일반적이다, 보통이다

汉语 Hànyǔ 명 한어, 중국어

复习 fùxí 동 복습하다

哇 wā 감 와![놀람을 나타냄]

用功 yònggōng 형 열심이다 동 열심히 공부하다

녹음을 듣고 따라 읽어 보세요.   ▶ 04-02

1

Huí Shànghǎi.	回上海。
Huí Shànghǎi le.	回上海了。
Yǐjing huí Shànghǎi le.	已经回上海了。
Tā yǐjing huí Shànghǎi le.	她已经回上海了。

2

Xiūxi.	休息。
Hǎohāor xiūxi.	好好儿休息。
Zài jiā hǎohāor xiūxi.	在家好好儿休息。
Wǒ xiǎng zài jiā hǎohāor xiūxi.	我想在家好好儿休息。

3

Yùndòng.	运动。
Yùndòng yí ge xiǎoshí.	运动一个小时。
Měi wǎn yùndòng yí ge xiǎoshí.	每晚运动一个小时。

1 주말 보내기

04-03

朴民秀
周末你做什么了？
Zhōumò nǐ zuò shénme le?

张京
我妈来首尔了，我们一起去逛街了。
Wǒ mā lái Shǒu'ěr le , wǒmen yìqǐ qù guàngjiē le.

朴民秀
你妈妈还在首尔吗？
Nǐ māma hái zài Shǒu'ěr ma?

张京
她已经回上海了❶。
Tā yǐjing huí Shànghǎi le.

TIP

❶ 已经 yǐjing은 '이미, 벌써'라는 뜻의 부사로 이미 발생한 일을 나타낼 때 사용합니다. 일반적으로 문장 끝에 동작의 완료를 나타내는 조사 了 le와 함께 쓰입니다.

58

张京　**你最近脸色不太好啊，没事吧？**
Nǐ zuìjìn liǎnsè bú tài hǎo a, méishì ba?

朴民秀　**这学期课比较多，天天写作业，**
Zhè xuéqī kè bǐjiào duō, tiāntiān xiě zuòyè,

累死了②。
lèi sǐ le.

张京　**昨晚睡了几个小时？**
Zuówǎn shuìle jǐ ge xiǎoshí?

朴民秀　**只睡了三个小时。**
Zhǐ shuìle sān ge xiǎoshí.

周末我想在家好好儿休息③。
Zhōumò wǒ xiǎng zài jiā hǎohāor xiūxi.

TIP

② 「형용사 + 死了 sǐ le」는 '~해 죽겠다'는 뜻으로, 정도가 심함을 나타냅니다.
예 饿死了。È sǐ le.(배고파 죽겠다.)

③ 부사 好好儿 hǎohāor은 '잘, 충분히, 힘껏'이라는 뜻으로 동사 앞에 씁니다. 두 번째 好는 1성으로 읽습니다.

3 일과 묻기

▶ 04-05

朴民秀
你晚上一般做什么？
Nǐ wǎnshang yìbān zuò shénme?

张京
我每晚运动一个小时，
Wǒ měi wǎn yùndòng yí ge xiǎoshí,

然后回宿舍。你呢？
ránhòu huí sùshè. Nǐ ne?

朴民秀
我最近正在听汉语课，
Wǒ zuìjìn zhèngzài tīng Hànyǔ kè,

每晚复习一小时。
méi wǎn fùxí yì xiǎoshí.

张京
哇，好用功啊！
Wā, hǎo yònggōng a!

교체연습

减肥
jiǎnféi 다이어트 하다

学日语
xué Rìyǔ 일본어를 배우다

1 동태조사 了

了는 동사 뒤나 문장 끝에 쓰여, 동작이나 상태의 완료나 실현을 나타낸다.

她已经回上海了。
Tā yǐjing huí Shànghǎi le.

下课了。
Xiàkè le.

我买了两本书。
Wǒ mǎile liǎng běn shū.

你吃了饭再去吧。
Nǐ chīle fàn zài qù ba.

부정형은 동사 앞에 没(有)를 쓰고, 조사 了는 쓰지 않는다.

我吃饭了。
Wǒ chī fàn le.

⟷

我没(有)吃饭。
Wǒ méi(yǒu) chī fàn.

의문형은 문장 끝에 吗를 쓰면 된다. 정반의문문의 형식을 쓸 경우에는 일반적으로 문장 끝에 没有를 쓴다. 부정의 대답을 할 경우, 간단하게 '没有'라고 말할 수 있다.

A: 下课了吗? / 下课了没有?
   Xiàkè le ma? / Xiàkè le méiyǒu?

B: 下课了。 / 还没(有)下课。 / 没有。
   Xiàkè le. / Hái méi(yǒu) xiàkè. / Méiyǒu.

일상적인 습관이나, 정기적으로 하는 일을 표현할 때는 了를 쓰지 않는다.

我常常去他家玩。
Wǒ chángcháng qù tā jiā wán.
자주

小时候我每天都喝牛奶。
Xiǎoshíhou wǒ měitiān dōu hē niúnǎi.

① 다음 문장을 부정문으로 바꾸세요

① 我看电视了。 → _____。 나는 텔레비전을 보지 않았다.

② 他去北京了。 → _____。 그는 베이징에 가지 않았다.

③ 我买了汉语书。 → _____。 나는 중국어 책을 사지 않았다.

④ 他吃了很多菜。 → _____。 그는 많은 음식을 먹지 않았다.

② 다음 문장의 틀린 부분을 바르게 고쳐 쓰세요.

① 他没去学校了。 → _____。 그는 학교에 가지 않았다.

② 昨天我不见朋友。 → _____。 어제 나는 친구를 만나지 않았다.

③ 他常常去他家玩了。 → _____。 그는 자주 그의 집에 가서 논다.

④ 我给你没打电话。 → _____。 나는 너에게 전화를 걸지 않았다.

62

우리말에서 '2시'가 시각을 나타내고, '2시간'이 시간의 길이를 나타내듯 중국어에서도 시각과 시간의 양 표현은 차이가 있다.

• 시간의 양을 나타내는 단어를 '시량사(时量词)'라고 합니다.

시각	시간의 양
二分 èr fēn 2분	两分钟 liǎng fēnzhōng 2분(간)
两点 liǎng diǎn 2시	两(个)小时 liǎng (ge) xiǎoshí 2시간 / 两个钟头 liǎng ge zhōngtóu
二号 èr hào 2일	两天 liǎng tiān 2일(간)
二月 èr yuè 2월	两个月 liǎng ge yuè 2개월(간)
第二年 dì'èr nián 제2년	两年 liǎng nián 2년(간)

시량사는 동사 뒤에 와서 동작이나 상태의 지속 시간을 나타낼 수 있는데, 이러한 성분을 '시량보어(时量补语)'라고 한다.

我每天工作八个小时。
Wǒ měitiān gōngzuò bā ge xiǎoshí.

他跑了半个小时。
Tā pǎole bàn ge xiǎoshí.

我每天睡七个小时。
Wǒ měitiān shuì qī ge xiǎoshí.

他说了半天。
Tā shuōle bàntiān.

확인문제

❶ 우리말 해석을 보고 알맞은 시량보어를 넣어 문장을 완성하세요.

① 我睡了。　　　→ _____。 나는 4시간 잤다.

② 他等了。　　　→ _____。 그는 반 시간 기다렸다.

❷ 다음 제시된 단어를 재배열하여 문장을 완성하세요.

① 一个小时 / 我 / 看了　→ _____。 나는 1시간 보았다.

② 八小时 / 睡 / 每天 / 我　→ _____。 나는 매일 8시간 잔다.

③ 부사 好

好는 형용사 앞에서 '매우', '정말', '꽤'라는 뜻의 부사로 쓰여 정도가 심함을 나타내며, 감탄의 어조를 나타내기도 한다.

我买了一个好大的西瓜。
Wǒ mǎile yí ge hǎo dà de xīguā.

好久不见。
Hǎo jiǔ bú jiàn.

你好用功啊!
Nǐ hǎo yònggōng a!

她好漂亮啊!
Tā hǎo piàoliang a!

확인문제

❶ 제시된 문장의 好와 용법이 다른 것을 모두 고르세요.

> 这儿有个好大的西瓜。

① 他们都很好。

② 这儿有好多鱼。

③ 真好吃。

④ 哇, 好大!

└─yú 물고기

❷ 다음 제시된 문장과 관련된 그림을 고르세요.

A   B    C   D

① 好多啊! ☐

② 好小啊! ☐

③ 好长啊! ☐

④ 好高啊! ☐

▶ 04-06

1

A 周末你做什么了？
Zhōumò nǐ zuò shénme le?

B 我跟妈妈一起去逛街了。
Wǒ gēn māma yìqǐ qù guàngjiē le.

看电影 kàn diànyǐng 영화를 보다

去姥姥家 qù lǎolao jiā 외할머니 댁에 가다

吃韩国菜 chī Hánguócài 한국 음식을 먹다

2

A 昨晚睡了几个小时？
Zuówǎn shuìle jǐ ge xiǎoshí?

B 只睡了三个小时。
Zhǐ shuìle sān ge xiǎoshí.

学 xué 공부하다

看 kàn 보다

听 tīng 듣다

3

A 明天你打算做什么？
Míngtiān nǐ dǎsuan zuò shénme?

B 明天我想在家好好儿休息。
Míngtiān wǒ xiǎng zài jiā hǎohāor xiūxi.

看书 kàn shū 책을 보다

学习 xuéxí 공부하다

睡觉 shuìjiào 잠자다

1 녹음을 듣고 관련된 그림을 고르세요. ▶ 04-07

A 　　B 　　C 　　D

① _____　　② _____　　③ _____　　④ _____

2 녹음을 듣고 질문에 알맞은 대답을 고르세요. ▶ 04-08

① A 看电影　　　　B 逛街　　　　C 看电视

② A 去旅行了　　　B 去学校了　　　C 去逛街了

③ A 十个小时　　　B 三个小时　　　C 四个小时

④ A 九点十分　　　B 十点二十分　　C 四点二十分

3 다음 빈칸에 들어갈 수 있는 단어를 고르세요.

보기

A 点	B 已经	C 好	D 小时	E 好好儿

① 我有_____多漂亮的衣服。

② 她_____回北京了。

③ 他复习了三个_____。

④ 我想在家_____休息。

4 다음 제시된 문장과 관련된 문장을 고르세요.

① 他天天去买衣服。　　　　　　A 他只工作了一个月。

② 你买票了吗？　　　　　　　　B 他有好多衣服。

③ 他工作了多长时间？　　　　　C 我没看见她。

④ 你看见她了吗？　　　　　　　D 我还没买票。

5 본문 회화를 참고하여 주말에 있었던 일을 화제로 친구와 대화해 보세요.

① 　② 　③ 　④

看电影　　　　　　逛街　　　　　　吃中国菜　　　　　　睡觉
kàn diànyǐng　　　guàngjiē　　　chī zhōngguócài　　　shuìjiào

周末你做什么了？

중국인의 생일 나기

중국에서는 생일 축하연을 做寿 zuòshòu, 做生日 zuò shēngrì라고 하며, 이는 일반적으로 10년에 한 번 치러지는 큰 생일을 가리킵니다. 아이의 열 번째 생일은 长尾巴 zhǎng wěiba 라고 합니다. 생일 축하는 일반적으로 50세부터 하는데, 50세를 大庆 dàqìng, 60세 이상 을 上寿 shàngshòu라고 했으며, 두 어르신의 생신을 같이 치르면 双寿 shuāngshòu라고 했 습니다. 80세 생일은 대부분 다음 해에 지내기 때문에 补寿 bǔshòu 또는 添寿 tiānshòu라 고 하며, 1년 전에 미리 하는 경우도 있습니다. 한편, 생일 당일에는 红鸡蛋 hóngjīdàn, 长寿 面 chángshòumiàn, 寿桃 shòutáo를 먹음으로써 '백세장수'를 기원하기도 합니다.

생일 음식 长寿面

생일 음식 寿桃

현대의 돌잡이 물건

과거의 돌잡이 물건

돌잡이를 중국어로는 抓周 zhuāzhōu 또는 试儿 shì'ér이라고 하는데, 이는 우리와 마찬가지로 아 이가 만 1세가 되었을 때 행해지는 생일 축하방식입니다. 남자아이에게는 종이 · 붓 · 활 · 화살 등을 놓아 잡게 했고, 여자아이에게는 칼 · 자 · 실 등을 놓아 잡게 했습니다. 지금은 돌잡이 풍 습이 점점 변화했는데, 전통적인 돌잡이 용품을 내놓기도 하지만, 노트북 · 마우스 · 젓가락 · 휴 대전화 · 도장 · 영중사전 · 책 · 운동용품 등 다양한 물건들이 돌잡이 용품으로 올라옵니다.

05

你的爱好是什么?
취미가 뭐예요?

05-01

爱好 àihào 명 취미

游泳 yóuyǒng 통 수영하다

为什么 wèishénme 대 왜

对 duì 개 ~대하여, ~에게

可以 kěyǐ 조통 ~할 수 있다

减肥 jiǎnféi 통 다이어트 하다

K 歌 K gē 명 노래방, 가라오케

唱 chàng 통 노래하다

歌 gē 명 노래

唱歌 chànggē 통 노래를 부르다

得 de 조 동사·형용사 뒤에 쓰여, 동작이나 사물의 상태를 나타내는 보어를 연결함

不怎么样 bù zěnmeyàng 그저 그렇다

哪儿啊 nǎr a 뭘요, 아니에요

差 chà 통 부족하다

秘诀 mìjué 명 비결

没什么 méi shénme 별 다른 것이 없다, 괜찮다

部 bù 양 편[서적·영화 따위를 셀 때 쓰임]

电影 diànyǐng 명 영화

周杰伦 Zhōu Jiélún 고유 저우제룬(주걸륜)[인명]

秘密 mìmì 명 비밀

《不能说的秘密》 Bù néng shuō de mìmì 〈말할 수 없는 비밀〉[영화 제목]

好看 hǎokàn 형 재미있다, 예쁘다

녹음을 듣고 따라 읽어 보세요. ▶ 05-02

1

Shénme?	什么?
Shì shéme?	是什么?
Nǐ de àihào shì shéme?	你的爱好是什么?

2

Fēicháng hǎo.	非常好。
Chàng de fēicháng hǎo.	唱得非常好。
Gē chàng de fēicháng hǎo.	歌唱得非常好。
Tā chànggē chàng de fēicháng hǎo.	她唱歌唱得非常好。

3

Bù zěnmeyàng.	不怎么样。
Chàng de bù zěnmeyàng.	唱得不怎么样。
Wǒ chàng de bù zěnmeyàng.	我唱得不怎么样。

1 취미 묻기

▶ 05-03

朴民秀   你的爱好是什么？
Nǐ de àihào shì shénme?

张京   我的爱好是游泳。
Wǒ de àihào shì yóuyǒng.

朴民秀   你为什么喜欢游泳？
Nǐ wèishénme xǐhuan yóuyǒng?

张京   游泳对身体好，还可以减肥呢❶。
Yóuyǒng duì shēntǐ hǎo, hái kěyǐ jiǎnféi ne.

TIP
❶ 呢 ne는 여기서 어떠한 사실에 대해 과장을 나타내는 조사로 쓰입니다.

金珉

昨晚我跟京京去K歌了。
Zuówǎn wǒ gēn Jīngjing qù K gē le.

교체 연습

打篮球打得
dǎ lánqiú dǎ de

踢足球踢得
tī zúqiú tī de

朴民秀

她唱歌唱得怎么样?
Tā chànggē chàng de zěnmeyàng?

金珉

她唱歌唱得非常好。
Tā chànggē chàng de fēicháng hǎo.

你唱得怎么样?
Nǐ chàng de zěnmeyàng?

朴民秀

我唱得不怎么样②。
Wǒ chàng de bù zěnmeyàng.

TIP

② 不怎么样 bù zěnmeyàng은 '그다지 좋지 않다'는 뜻으로 상태의 정도가 높지 않음을 표현할 때 씁니다.
예 这本书不怎么样。Zhè běn shū bù zěnmeyàng. (이 책 별로야.)

3 중국 영화로 중국어 배우기 ▶ 05-05

张京
你汉语说得真好啊。
Nǐ Hànyǔ shuō de zhēn hǎo a.

교체 연습

流利
liúlì 유창하다

不错
búcuò 좋다, 괜찮다

朴民秀
哪儿啊, 还差得远呢。
Nǎr a, hái chà de yuǎn ne.

张京
有什么秘诀吧③?
Yǒu shénme mìjué ba?

朴民秀
没什么, 我每个星期都看一部中国电影。
Méi shénme, wǒ měi ge xīngqī dōu kàn yí bù Zhōngguó diànyǐng.

张京
你最喜欢哪一部?
Nǐ zuì xǐhuan nǎ yí bù?

朴民秀
周杰伦的《不能说的秘密》, 真好看。
Zhōu Jiélún de 《Bù néng shuō de mìmì》, zhēn hǎokàn.

TIP

③ 吧 ba는 여기서 추측의 어조를 표현하는 조사로 쓰였습니다.
예 你是美国人吧? Nǐ shì Měiguórén ba? (당신은 미국 사람이죠?)

1 개사 对

对는 '~에 대해(서)'라는 뜻으로 동작이 향하는 대상을 나타내거나 그 설명이 관련되어 있는 대상을 나타내기도 한다.

游泳对身体很好。
Yóuyǒng duì shēntǐ hěn hǎo.

我对中国文化有兴趣。
Wǒ duì Zhōngguó wénhuà yǒu xìngqù.

她对我很好。
Tā duì wǒ hěn hǎo.

我对他不了解。
Wǒ duì tā bù liǎojiě.

'~에게', '~을/를 향하여'라는 뜻으로 동작이 향하는 대상을 가리킨다.

他对我笑了。
Tā duì wǒ xiào le.

你对他说什么了?
Nǐ duì tā shuō shénme le?

확인문제

① 对가 들어갈 알맞은 위치를 고르세요.

① 我□音乐□没有□兴趣。

② 他□我□不□好。

③ □游泳□身体□很好。

④ □我□他说了□你的事情。

② 다음 제시된 단어를 재배열하여 문장을 완성하세요.

① 这件事 / 说了 / 妈妈 / 对 / 我

→ _____。 나는 어머니께 이 일을 말했다.

② 我 / 笑了 / 妈妈 / 对

→ _____。 어머니는 나를 향해 웃으셨다.

③ 对 / 好不好 / 身体 / 运动

→ _____? 운동은 건강에 좋습니까?

2 조동사 可以

- 가능 : ~할 수 있다 ↔ 不能

他可以开车。 ↔ 他不能开车。
Tā kěyǐ kāichē.   운전하다   Tā bù néng kāichē.

- 허락 : ~해도 된다 ↔ 不可以

你可以休息。 ↔ 你不可以休息。
Nǐ kěyǐ xiūxi.   Nǐ bù kěyǐ xiūxi.

의문형은 문장 끝에 吗를 쓰거나, 조동사 可以의 긍정형과 부정형을 연이어 쓴 정반의문문의 형태로 표현할 수 있다.

A: 我可以去他家玩吗?   A: 我可(以)不可以上网?
　 Wǒ kěyǐ qù tā jiā wán ma?   　 Wǒ kě(yǐ) bù kěyǐ shàngwǎng?
B: 可以。/ 不可以。/ 不行。   B: 可以。/ 不可以。/ 不行。
　 Kěyǐ. / Bù kěyǐ. / Bù xíng.   　 Kěyǐ. / Bù kěyǐ. / Bù xíng.

확인문제

❶ 우리말 해석을 보고 빈칸에 可以나 不可以를 쓰세요.

① 我＿＿＿＿＿去你家吗?　　제가 당신 집에 가도 될까요?

② 这儿＿＿＿＿＿坐。　　여기에 앉으면 안 됩니다.

③ 我们＿＿＿＿＿再见他。　　우리는 그를 다시 만날 수 있어.

④ 他＿＿＿＿＿来学校。　　그는 학교에 와서는 안 된다.

③ 상태보어

술어의 상태와 결과를 보충 설명하는 성분을 '상태보어'라고 하는데, 동사 · 형용사와 상태보어는 구조조사 得로 연결하여 「주어 + 동사/형용사 + 得 + 상태보어」의 어순으로 쓴다.

주어	동사	구조조사	상태보어
他	说	得	很好。
그는	말하다	(~하는 것이)	잘하다

> • 상태보어문에서는 술어인 동사 · 형용사 앞에 很, 非常과 같은 정도부사를 쓸 수 없습니다.
> 예 我非常睡得好。(×)

我吃得很好。
Wǒ chī de hěn hǎo.

房间里冷得受不了。
Fángjiān lǐ lěng de shòubuliǎo.

목적어가 있는 경우에는 「주어 + (동사 +)목적어 + 동사 + 得 + 보어」 의 형식으로 쓰며, 첫 번째 동사는 생략할 수 있다.

她(唱)歌唱得不错。
Tā (chàng)gē chàng de búcuò.

他(说)汉语说得很流利。
Tā (shuō) Hànyǔ shuō de hěn liúlì.

부정문은 동사나 형용사가 아닌 보어를 부정형으로 만든다.

他英语说得不好。
Tā Yīngyǔ shuō de bù hǎo.

我跑得不快。
Wǒ pǎo de bú kuài.

의문문은 문장 끝에 吗를 부가하고, 정반의문문은 보어의 '긍정형 + 부정형'으로 표현한다.

他英语说得好吗?
Tā Yīngyǔ shuō de hǎo ma?

我跑得快不快?
Wǒ pǎo de kuài bu kuài?

① 다음 문장을 부정문과 정반의문문으로 바꾸세요.

① 她游泳游得快。 부정문 → _____。

정반의문문 → _____?

② 他唱歌唱得好。 부정문 → _____。

정반의문문 → _____?

② 다음 제시된 단어를 활용하여 상태보어문을 완성하세요.

① 我妹妹 / 跳舞 / 非常好

→ _____。 내 여동생은 춤을 정말 잘 춘다.

② 他 / 打篮球 / 不怎么样

→ _____。 그는 농구 실력은 그저 그렇다.

③ 我 / 说汉语 / 很好

→ _____。 나는 중국어를 잘한다.

④ 张老师 / 做菜 / 很好吃

→ _____。 장 선생님은 음식을 정말 맛있게 만드신다.

▶ 05-06

①

A **你的爱好是什么？**
Nǐ de àihào shì shénme?

B **我喜欢游泳。**
Wǒ xǐhuan yóuyǒng.

打篮球 dǎ lánqiú 농구하다

弹钢琴 tán gāngqín 피아노를 치다

玩儿电脑 wánr diànnǎo 컴퓨터를 하다

②

A **她唱歌唱得怎么样？**
Tā chànggē chàng de zěnmeyàng?

B **不怎么样。**
Bù zěnmeyàng.

游泳 yóuyǒng 수영하다

跳舞 tiàowǔ 춤추다

打篮球 dǎ lánqiú 농구하다

③

A **你汉语说得真好啊！**
Nǐ Hànyǔ shuō de zhēn hǎo a!

B **哪儿啊，还差得远呢。**
Nǎr a, hái chà de yuǎn ne.

写字 xiězì 글씨를 쓰다

画画儿 huà huàr 그림을 그리다

说日语 shuō Rìyǔ 일본어를 말하다

1 녹음을 듣고 관련된 그림을 고르세요. ▶ 05-07

A 　　B 　　C　　D

① ▢　　② ▢　　③ ▢　　④ ▢

2 녹음을 듣고 질문에 알맞은 대답을 고르세요. ▶ 05-08

①	A 做菜	B 画画儿	C 写字
②	A 不太好	B 非常好	C 不知道
③	A 韩国菜	B 日本菜	C 中国菜
④	A 运动	B 喝茶	C 买衣服

3 다음 빈칸에 들어갈 수 있는 단어를 고르세요.

보기

A 不怎么样　　B 对　　C 可以　　D 得

① 你 _____ 吃很多菜。

② 游泳 _____ 身体很好。

③ 奶奶走 _____ 非常慢。
└── màn 느리다

④ 他足球踢得 _____ 。

4 다음 제시된 문장과 ★ 문장의 의미가 일치하면 √표, 일치하지 않으면 ×표 하세요.

① 他跳舞跳得不怎么样。　　★ 他跳得很好。　　□

② 他开车开得不怎么样。　　★ 他开车开得不太好。　　□

③ 我还差得远呢！　　★ 离这儿很远。　　□

④ 我对音乐很有兴趣。　　★ 我喜欢音乐。　　□

5 보기 의 대화문을 활용하여 상대방의 취미에 대해서 대화해 보세요.

① 　② 　③ 　④

游泳 yóuyǒng　　　　跳舞 tiàowǔ　　　　弹钢琴 tán gāngqín　　　　踢足球 tī zúqiú

보기

A : 你的爱好是什么?

B : 我对……很有兴趣。/ 我的爱好是……。

A : 你……得怎么样?

B : 我……得非常好(不太好 / 不怎么样)。

중국인의 놀이문화 – KTV

KTV란 가라오케(卡拉OK kǎlā OK), 즉 노래를 부르며 음료나 주류를 마실 수 있는 곳을 말합니다. 중국에서는 이를 卡拉OK, KTV, K歌 K gē 등으로 부릅니다.

중국에는 量贩式 liàngfànshì KTV라는 곳이 있습니다. 내부에 부대시설로 슈퍼가 있고, 이곳의 제품 가격은 일반 시장의 가격과 큰 차이가 없기 때문에 손님들은 물건을 산 후 노래를 부르며 즐길 수 있습니다. 量贩式 구매라는 것은 대량 구매(절약 구매)를 뜻합니다. 따라서 量贩式 KTV는 대량구매 가격으로 물건 구매와 KTV를 함께 즐기는 방식, 즉 절약형 KTV라고 할 수 있습니다.

베이징에서 처음으로 문을 연 마이러디 절약형 KTV(麦乐迪量贩式卡拉OK màilèdí liàngfànshì kǎlā OK)가 성업을 이루자 곳곳에 量贩式卡拉OK가 생겨 각종 모임에 빼놓을 수 없는 장소가 되었습니다.

KTV에서 노래를 찾을 때는 보통 가수 이름과 노래 제목으로 찾게 되는데, 둘 다 병음 순서로 배열되어 있어 알파벳 순서로 찾으면 됩니다. 한국 노래방의 노래 검색 시스템과 다른 점은 제목의 글자 개수로 노래를 찾기도 한다는 점입니다.

量贩式KTV의 내부시설인 슈퍼

베이징에서 처음 선보인 量贩式KTV–
멜로디(Melody) 절약형 KTV

06

复习 1~5 课
복습 1~5과

❶ 1 ~ 5과에서 배운 필수 단어와 회화 표현을 확인하고 복습한다.

① 날씨 & 계절
▶ 06-01

春天 chūntiān 봄	**夏天** xiàtiān 여름
秋天 qiūtiān 가을	**冬天** dōngtiān 겨울
暖和 nuǎnhuo 따뜻하다	**凉快** liángkuai 시원하다
冷 lěng 춥다	**热** rè 덥다
干燥 gānzào 건조하다	**季节** jìjié 계절
天气 tiānqì 날씨	**预报** yùbào 예보(하다)
零上 língshàng 영상	**零下** língxià 영하
下雨 xiàyǔ 비가 오다(내리다)	**下雪** xiàxuě 눈이 내리다
阴 yīn 흐리다	**晴** qíng 맑다

② 방위
▶ 06-02

前边(儿) qiánbian(r) 앞쪽	**后边(儿)** hòubian(r) 뒤쪽
左边(儿) zuǒbian(r) 왼쪽	**右边(儿)** yòubian(r) 오른쪽
上边(儿) shàngbian(r) 위쪽	**下边(儿)** xiàbian(r) 아래쪽
旁边(儿) pángbiān(r) 옆쪽	**对面(儿)** duìmiàn(r) 맞은편
外边(儿) wàibian(r) 밖, 바깥	

③ 취미
06-03

爱好 àihào 취미	游泳 yóuyǒng 수영하다
唱歌 chànggē 노래를 부르다	看电影 kàn diànyǐng 영화 보다
听音乐 tīng yīnyuè 음악을 듣다	看书 kàn shū 책을 보다
运动 yùndòng 운동하다	玩电脑 wán diànnǎo 컴퓨터 하다
跑步 pǎobù 뛰다, 조깅하다	

④ 동사·형용사
06-04

出去 chūqù 나가다	联系 liánxì 연락하다
穿 chuān 입다	喜欢 xǐhuan 좋아하다
跑步 pǎobù 달리다	喝 hē 마시다
找 zhǎo 찾다	来 lái 오다
走 zǒu 가다, 걷다, 떠나다	过 guò 건너다, 지나가다
回 huí 돌아오다, 돌아가다	写 xiě (글씨를) 쓰다
休息 xiūxi 쉬다	减肥 jiǎnféi 다이어트하다
高 gāo (키가) 크다	小 xiǎo 작다
快 kuài 빠르다, 빨리	慢 màn 느리다
远 yuǎn 멀다	近 jìn 가깝다
长 cháng 길다, 오래되다(시간, 공간의 길이)	短 duǎn 짧다

① 날씨 묻기

06-05

Ⓐ 今天天气怎么样?

Jīntiān tiānqì zěnmeyàng?

Ⓑ 非常好。今天比昨天暖和。

Fēicháng hǎo. Jīntiān bǐ zuótiān nuǎnhuo.

② 계절 묻기

06-06

Ⓐ 你喜欢哪个季节?

Nǐ xǐhuan nǎ ge jìjié?

Ⓑ 我喜欢春天。

Wǒ xǐhuan chūntiān.

③ 기후 묻기

06-07

Ⓐ 首尔的春天很干燥，北京呢?

Shǒu'ěr de chūntiān hěn gānzào, Běijīng ne?

Ⓑ 北京的春天比首尔更干燥。

Běijīng de chūntiān bǐ Shǒu'ěr gèng gānzào.

④ 전화하기

06-08

Ⓐ 喂，你好! 明明在吗?

Wéi, nǐ hǎo! Míngming zài ma?

Ⓑ 他不在，你找他有什么事吗?

Tā bú zài, nǐ zhǎo tā yǒu shénme shì ma?

⑤ 부재 중 메시지 남기기

06-09

Ⓐ 请转告他，张京打过电话。

Qǐng zhuǎngào tā, Zhāng Jīng dǎguo diànhuà.

Ⓑ 好的。

Hǎo de.

⑥ 동작의 진행 묻기

▶ 06-10

Ⓐ 你在干什么呢?
Nǐ zài gàn shénme ne?

Ⓑ 我在看书呢。
Wǒ zài kàn shū ne.

⑦ 길 묻기

▶ 06-11

Ⓐ 请问，地铁站怎么走?
Qǐngwèn, dìtiězhàn zěnme zǒu?

Ⓑ 过马路，一直往前走。
Guò mǎlù, yìzhí wǎng qián zǒu.

⑧ 정류장 묻기

▶ 06-12

Ⓐ 去明洞在哪儿下车?
Qù Míngdòng zài nǎr xiàchē?

Ⓑ 在明洞站下车就行。
Zài Míngdòngzhàn xiàchē jiù xíng.

⑨ 거리 묻기

▶ 06-13

Ⓐ 离这儿远吗?
Lí zhèr yuǎn ma?

Ⓑ 不远。
Bù yuǎn.

⑩ 주말 일과 묻기

▶ 06-14

Ⓐ 周末你做什么了?
Zhōumò nǐ zuò shénme le?

Ⓑ 我去逛街了。
Wǒ qù guàngjiē le.

11 저녁 일과 묻기 ▶ 06-15

A 你晚上一般做什么?
Nǐ wǎnshang yìbān zuò shénme?

B 我每晚运动一个小时，你呢?
Wǒ měi wǎn yùndòng yí ge xiǎoshí, nǐ ne?

12 수면 시간 묻기 ▶ 06-16

A 昨晚睡了几个小时?
Zuówǎn shuìle jǐ ge xiǎoshí?

B 只睡了三个小时。
Zhǐ shuìle sān ge xiǎoshí.

13 취미 묻기 ▶ 06-17

A 你的爱好是什么?
Nǐ de àihào shì shénme?

B 我喜欢游泳。
Wǒ xǐhuan yóuyǒng.

14 정도 묻기 ▶ 06-18

A 她唱歌唱得怎么样?
Tā chànggē chàng de zěnmeyàng?

B 不怎么样。
Bù zěnmeyàng.

15 계획 묻기 ▶ 06-19

A 明天你打算做什么?
Míngtiān nǐ dǎsuan zuò shénme?

B 明天我想在家好好儿休息。
Míngtiān wǒ xiǎng zài jiā hǎohāor xiūxi.

1 다음 빈칸에 알맞은 단어를 써서 퍼즐을 완성하세요.

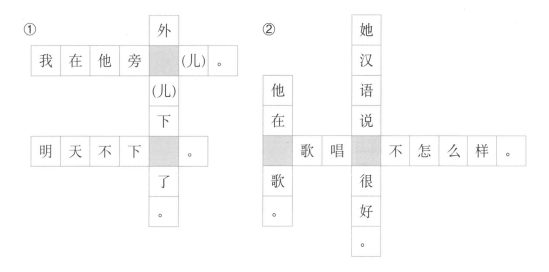

①

	外		
我	在	他	旁		(儿)	。

(儿)

下

明 天 不 下

了

。

②

		她
		汉
		语
他		说
在	歌 唱	不 怎 么 样 。
歌		很
。		好
		。

2 다음 문장을 읽고, 색으로 표시된 우리말 단어를 중국어로 바꾸어 보세요. 스토리를 연상하며 단어를 익혀 보세요.

> 여기는 학교 근처에 있는 중식당 라이라이. 밍밍이 생일이라 만나기로 했는데, 애들이 아직 안 왔다.
> 이미 30분을 기다렸는데…… 아~ 춥고 배고프다.
> 앗! 징징에게서 위치를 알려 달라는 전화가 왔다.
> "지하철역에서 곧장 앞으로 가다가 맥도날드에서 왼쪽으로 돌면 은행이 있는데,
> 라이라이는 은행 옆에 있어!" 내가 제일 먼저 왔으니, 탕수육 많이 먹어야지!

3 게임해 보세요.

게임방법
- 배운 단어를 적어 넣고 중국어로 말합니다. (필수 단어 참조)
- 불려진 단어를 하나씩 체크하여 먼저 세 줄을 연결하면 "빙고"를 외칩니다.

1 다음 사진과 제시된 단어를 보고 대화를 만들어 보세요.

① 위치 묻기

제시어

往前走
离这儿
远

첫 문장

Ⓐ 请问，地铁站怎么走?

② 동작의 진행 묻기

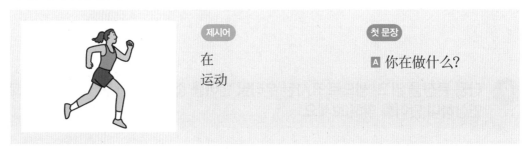

제시어

在
运动

첫 문장

Ⓐ 你在做什么?

③ 주말 일상 묻기

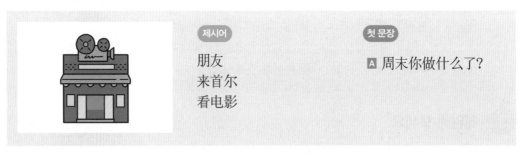

제시어

朋友
来首尔
看电影

첫 문장

Ⓐ 周末你做什么了?

④ 취미 묻기

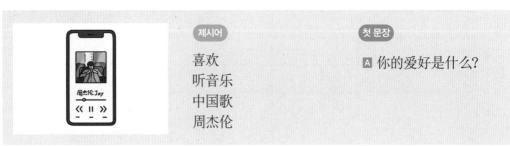

제시어

喜欢
听音乐
中国歌
周杰伦

첫 문장

Ⓐ 你的爱好是什么?

银行就要关门了。

은행은 곧 문을 닫습니다.

기본 표현

❶ 银行就要关门了。 Yínháng jiù yào guānmén le.

❷ 我要换钱。 Wǒ yào huànqián.

❸ 因为昨天买了很多书，所以钱都花光了。
Yīnwèi zuótiān mǎile hěn duō shū, suǒyǐ qián dōu huāguāng le.

❹ 请放在这里吧。 Qǐng fàngzài zhèlǐ ba.

07-01

换 huàn 동 바꾸다	花光 huāguāng 동 전부 써 버리다
换钱 huànqián 동 환전하다	(就)要…了 (jiù)yào…le 곧 ~할 것이다
元 yuán 명 위안[중국의 화폐 단위] = 块 kuài	关门 guānmén 동 문을 닫다
人民币 Rénmínbì 명 인민폐[중국 화폐 명칭]	里(面) lǐ(mian) 명 안, 속
韩币 Hánbì 명 원화, 한화	自动取款机 zìdòng qǔkuǎnjī 명 자동현금인출기(ATM)
银行 yínháng 명 은행	寄 jì 동 (우편으로) 부치다, 보내다
换成 huànchéng 동 ~로 바꾸다	寄到 jìdào 동 ~로 부치다
填 tián 동 채우다	包裹 bāoguǒ 명 소포
单子 dānzi 명 명세서, 표	邮局 yóujú 명 우체국
下面(儿) xiàmian(r) 명 아래쪽	放 fàng 동 놓다
签字 qiānzì 동 서명하다	词典 cídiǎn 명 사전
附近 fùjìn 명 근처, 부근	电子词典 diànzǐ cídiǎn 명 전자사전
取钱 qǔqián 동 돈을 인출하다	公斤 gōngjīn 명 킬로그램(kg)
因为 yīnwèi 접 ~때문에	邮费 yóufèi 명 우편 요금
所以 suǒyǐ 접 그래서, 그런 까닭에	

녹음을 듣고 따라 읽어 보세요. 07-02

1

Huànqián. 换钱。

Yào huànqián. 要换钱。

Wǒ yào huànqián. 我要换钱。

2

Guānmén. 关门。

Guānmén le. 关门了。

Jiù yào guānmén le. 就要关门了。

Yínháng jiù yào guānmén le. 银行就要关门了。

3

Zài zhèlǐ. 在这里。

Fàngzài zhèlǐ. 放在这里。

Qǐng fàngzài zhèlǐ ba. 请放在这里吧。

1 환전하기　　　▶ 07-03

李明	我要换钱， Wǒ yào huànqián,
	一元人民币是多少韩币？ yì yuán Rénmínbì shì duōshao Hánbì?

교체 연습

美元
Měiyuán 미국 달러(USD)

日元
Rìyuán 엔화(JPY)

欧元
Ōuyuán 유로화(EUR)

银行职员	1比189❶, 您要换多少？ Yī bǐ yìbǎi bāshíjiǔ, nín yào huàn duōshao?

李明	一千块人民币，都换成韩币。 Yìqiān kuài Rénmínbì, dōu huànchéng Hánbì.

银行职员	请填一下单子，在下面儿签字。 Qǐng tián yíxià dānzi, zài xiàmianr qiānzì.

❶ 여기에서 比 bǐ는 '비', '대(비)'의 뜻으로 환율, 경기 스코어 등을 나타낼 때 쓰입니다.

张京　这儿附近有没有银行? 我要取钱。
Zhèr fùjìn yǒu méiyǒu yínháng? Wǒ yào qǔqián.

金珉　你昨天不是取过钱吗❷?
Nǐ zuótiān bú shì qǔguo qián ma?

张京　因为昨天买了很多书,
Yīnwèi zuótiān mǎile hěn duō shū,

所以钱都花光了。
suǒyǐ qián dōu huāguāng le.

金珉　银行就要关门了,
Yínháng jiù yào guānmén le,

学生食堂里有自动取款机。
xuésheng shítáng lǐ yǒu zìdòng qǔkuǎnjī.

교체연습

邮局
yóujú 우체국

洗手间
xǐshǒujiān 화장실

超市
chāoshì 슈퍼마켓

TIP

❷ 「不是…吗? bú shì … ma?」는 '～아니에요(～하지 않았어요)?'라는 뜻으로 부정의 의문 형식이며, 강한 긍정을 나타낼 때 사용합니다.

예 这不是你的吗? Zhè bú shì nǐ de ma? (이것은 당신 것 아닌가요?)

3 소포 보내기

▶ 07-05

张京　**我要寄包裹。**
Wǒ yào jì bāoguǒ.

邮局职员　**请放在这里吧。您寄到哪里?**
Qǐng fàngzài zhèlǐ ba. Nín jìdào nǎlǐ?

张京　**中国上海。**
Zhōngguó Shànghǎi.

邮局职员　**包裹里面儿是什么?**
Bāoguǒ lǐmianr shì shénme?

张京　**里面儿有电子词典、书和DVD。**
Lǐmianr yǒu diànzǐ cídiǎn、shū hé DVD.

邮局职员　**总共两公斤,邮费三万。**
Zǒnggòng liǎng gōngjīn, yóufèi sānwàn.

교체연습

那儿
nàr 거기, 그쪽

上边(儿)
shàngbian(r) 위쪽

里边(儿)
lǐbian(r) 안쪽

1 결과보어(1) – 成, 在, 到, 光

동사 뒤에서 동작·행위의 결과를 보충해 주는 성분을 '결과보어'라고 하며, 주로 동사나 형용사가 결과보어로 쓰인다.

■ 成 : ~가 되다(V되다)

都换成韩币。
Dōu huànchéng Hánbì.

头发都变成红色了。
Tóufa dōu biànchéng hóngsè le.

■ 在 : ~에 정착하다, ~에 있다(~에 V하다)

他坐在我旁边(儿)。
Tā zuòzài wǒ pángbiān(r).

我住在宿舍。
Wǒ zhùzài sùshè.

■ 到 : 장소·시간에 도달하다(~까지 V하다)

您寄到哪里?
Nín jìdào nǎlǐ?

我们学到第六课了。
Wǒmen xuédào dì-liù kè le.

■ 光 : 없다, 다 쓰다(모두 다 V하다)

钱都花光了。
Qián dōu huāguāng le.

衣服都卖光了。
Yīfu dōu màiguāng le.

❶ 제시된 단어가 들어갈 알맞은 위치를 고르세요.

① 我们□走□地铁站□吧。　　　　(到)

② 西瓜□都□卖□了。　　　　(光)

③ 你的书□放□桌子□上□了。　　(在)

④ 狗□变□猫□了。　　　　　　(成)

❷ 빈칸에 들어갈 알맞은 단어를 고르세요.

A 成	B 到	C 在	D 光

① 西瓜都吃□了吗?

② 我们学□哪儿了?

③ 都换□美元了。

④ 我坐□他旁边(儿)。

② 因为…，所以…

「因为…，所以…」는 '~때문에 (그래서) ~하다'라는 뜻으로 어떤 상황에 대한 원인과 결과를 나타낼 때 쓰는 구문이다.

因为买了很多书，所以钱都花光了。
Yīnwèi mǎile hěn duō shū, suǒyǐ qián dōu huāguāng le.

因为太累了，所以就在家里休息。
Yīnwèi tài lèi le, suǒyǐ jiù zài jiālǐ xiūxi.

因为我妈来了，所以不能去你家玩儿。
Yīnwèi wǒ mā lái le, suǒyǐ bù néng qù nǐ jiā wánr.

因为今天下雨，所以不能去跑步。
Yīnwèi jīntiān xiàyǔ, suǒyǐ bù néng qù pǎobù.

확인문제

❶ 다음 제시어를 사용하여 문장을 완성하세요.

① 下雨 / 不能去跑步   비가 오기 때문에 달리기하러 갈 수 없다.

→ _____ , _____ 。

② 我喜欢中国 / 学汉语   나는 중국을 좋아하기 때문에 중국어를 배운다.

→ _____ , _____ 。

③ 天气很冷 / 要多穿点儿衣服   날씨가 추우니까 옷을 더 많이 입어야 한다.

→ _____ , _____ 。

④ 最近很忙 / 没有时间休息   요즘은 바빠서 쉴 시간이 없다.

→ _____ , _____ 。

3 要…了

「要…了」는 '곧 ～할 것이다'라는 뜻으로 곧 발생할 어떤 상황을 표현할 때 쓴다. 要 앞에 快 kuài, 就 jiù가 와서 「快要…了」, 「就要…了」로도 자주 쓰이며, 要가 생략되어 「快…了」, 「就…了」의 형식으로 쓰기도 한다.

要下雨了。
Yào xiàyǔ le.

冬天快要到了。
Dōngtiān kuài yào dào le.

手机快没电了。
Shǒujī kuài méi diàn le.

他下星期就回国了。
Tā xiàxīngqī jiù huíguó le.

확인문제

① 다음 제시된 단어를 재배열하여 문장을 완성하세요.

① 要 / 他 / 了 / 去旅行

→ _____。 그는 곧 여행을 갈 것이다.

② 了 / 吃饭 / 就要 / 他们

→ _____。 그들은 곧 밥을 먹을 것이다.

③ 卖光 / 西瓜 / 了 / 快

→ _____。 수박이 곧 다 팔릴 것이다.

④ 要 / 关门 / 食堂 / 了

→ _____。 식당은 곧 문을 닫을 것이다.

② 다음 제시어와 (就 / 快) 要…了를 활용하여 문장을 만들어 보세요.

① 上课 → _____。 수업이 곧 시작할 것이다.

② 到北京 → _____。 베이징에 곧 도착할 것이다.

③ 他来 → _____。 그가 곧 올 것이다.

④ 春天到了 → _____。 봄이 곧 온다.

07-06

1

A **您要换多少?**
Nín yào huàn duōshao?

B **一千美元，都换成韩币。**
Yìqiān Měiyuán, dōu huànchéng Hánbì.

日元 Rìyuán 엔화

人民币 Rénmínbì 인민폐

欧元 Ōuyuán 유로화

2

A **你昨天不是取过钱吗?**
Nǐ zuótiān bú shì qǔguo qián ma?

B **没有。**
Méiyǒu.

来过这儿 láiguo zhèr 여기 온 적이 있다

买过这本书 mǎiguo zhè běn shū 이 책을 산 적이 있다

见过他 jiànguo tā 그를 만난 적이 있다

3

A **您寄到哪里?**
Nín jìdào nǎlǐ?

B **中国上海。**
Zhōngguó Shànghǎi.

送 sòng 보내다

发 fā 보내다

飞 fēi 비행하다, 날다

1 녹음을 듣고 관련된 그림을 고르세요. ▶ 07-07

A  B C  D

① ☐ ② ☐ ③ ☐ ④ ☐

2 녹음을 듣고 질문에 알맞은 대답을 고르세요. ▶ 07-08

① A 学校　　　B 银行　　　C 邮局

② A 学校　　　B 银行　　　C 中国餐厅

③ A 关门　　　B 取钱　　　C 吃饭

④ A 邮局　　　B 银行　　　C 食堂

3 다음 빈칸에 들어갈 수 있는 단어를 고르세요.

> 보기
>
> A 在　　B 成　　C 想　　D 要　　E 到

① 头发都变＿＿＿＿白色了。

② 他就＿＿＿＿到了。

③ 这本书放＿＿＿＿桌子上了。

④ 今天学＿＿＿＿这儿吧。

4 다음 제시된 문장과 관련된 문장을 고르세요.

① 他就要回北京了。

A 我吃过中国菜。

② 你不是吃过中国菜吗？

B 快要上课了。

③ 因为昨天买了很多衣服，所以钱都花光了。

C 下个月他不在这儿。

④ 现在十二点五十，我们一点上课。

D 我要取钱。

5 다음 자료를 활용하여 환전에 관한 대화를 연습하세요.

①	②	③	④
환　율	1:1200	1:186	1:1600	1:14
환전금액	500달러(USD)	1000위안(CNY)	300유로(EUR)	3000엔(JPY)

※각 화폐에 대한 원화(KRW) 환율이며, 환율은 임의로 제시되었음

A 我要换钱，一美元是多少韩币？

B 1:1200，您要换多少？

A 五百美元，都换成韩币。

B 请填一下单子，在下面(儿)签字。

중국의 은행

한국의 한국은행(BOK), 일본의 일본은행(BOJ), 미국의 연방준비은행(FRB), 캐나다의 캐나다중앙은행(BOC)은 모두 그 나라의 중앙은행입니다. 그렇다면 중국의 중앙은행은 중국은행일까요? 중국의 중앙은행은 바로 인민은행(人民银行 Rénmín Yínháng)입니다.

우리가 익히 알고 있는 중국은행(中国银行 Zhōngguó Yínháng)은 중국 최초의 은행이자 우리나라의 외환은행과 성격이 비슷한 상업은행 중 하나입니다. 이 밖에 중국의 일반 시중은행으로는 중국건설은행(中国建设银行 Zhōngguó Jiànshè Yínháng), 중국공상은행(中国工商银行 Zhōngguó Gōngshāng Yínháng), 중국인민은행(中国人民银行 Zhōngguó Rénmín Yínháng, 중국농업은행(中国农业银行 Zhōngguó Nóngyè Yínháng), 교통은행(交通银行 Jiāotōng Yínháng) 등이 있습니다.

또한 중국에도 HSBC, Charterd Bank, City Bank 등 여러 외국계 은행이 진출해 있으며, 한국의 외환은행, 우리은행, 기업은행, 하나은행도 중국의 여러 도시에 지점을 열고 있는 실정입니다. 은행의 영업시간은 은행마다 차이가 있으나 명절을 제외하고 일반적으로 우리와 달리 월-금 9:00~5:00, 토-일 9:00~4:30까지 영업을 합니다.

중국은행

중국건설은행

중국공상은행

중국인민은행

교통은행

중국농업은행

你哪儿不舒服？

어디 편찮으세요?

기본 표현

❶ 你哪儿不舒服？ Nǐ nǎr bù shūfu?

❷ 我身体有点儿不舒服。 Wǒ shēntǐ yǒudiǎnr bù shūfu.

❸ 每天吃三次。 Měitiān chī sān cì.

❹ 还是多休息几天吧。 Háishi duō xiūxi jǐ tiān ba.

▶ 08-01

有点(儿) yǒudiǎn(r) 튀 약간, 조금

舒服 shūfu 형 편안하다

请假 qǐngjià 통 (휴가·조퇴·결석 등을) 신청하다

生病 shēngbìng 통 병이 나다, 병에 걸리다

肚子 dùzi 명 배

还是 háishi 튀 여전히, 아직도

疼 téng 통 아프다

陪 péi 통 동반하다, 모시다

医院 yīyuàn 명 병원

医生 yīshēng 명 의사

厉害 lìhai 형 대단하다, 극심하다, 격렬하다

发烧 fāshāo 통 열이 나다

药 yào 명 약

开药 kāiyào 통 약을 처방하다

按时 ànshí 튀 제때에, 시간 맞추어

这些 zhèxiē 대 이러한, 이런 것들, 이들

次 cì 양 차례, 번, 회

一次 yícì 수량 한 번

片 piàn 양 알, 토막

关心 guānxīn 통 관심을 갖다

开始 kāishǐ 통 시작하다

期末 qīmò 명 학기말

担心 dānxīn 통 걱정하다

帮 bāng 통 돕다

注意 zhùyì 통 주의하다

녹음을 듣고 따라 읽어 보세요.　　　　　　　　　　　　　　　　08-02

1

Bù shūfu.　　　　　　　　　　　　　不舒服。

Yǒudiǎnr bù shūfu.　　　　　　　　　有点儿不舒服。

Wǒ shēntǐ yǒudiǎnr bù shūfu.　　　　我身体有点儿不舒服。

2

Chī.　　　　　　　　　　　　　　　吃。

Chī sān cì.　　　　　　　　　　　　吃三次。

Měitiān chī sān cì.　　　　　　　　每天吃三次。

3

Xiūxi ba.　　　　　　　　　　　　休息吧。

Xiūxi jǐ tiān ba.　　　　　　　　　休息几天吧。

Duō xiūxi jǐ tiān ba.　　　　　　　多休息几天吧。

Háishi duō xiūxi jǐ tiān ba.　　　　还是多休息几天吧。

1 병결 ▶ 08-03

张老师:

Zhāng lǎoshī:

我身体有点儿不舒服，不能上课，想请假一天。

Wǒ shēntǐ yǒudiǎnr bù shūfu, bù néng shàngkè, xiǎng qǐngjià yì tiān.

学生 张京

Xuésheng Zhāng Jīng

朴民秀
听说你生病了，
Tīngshuō nǐ shēngbìng le,

现在怎么样了？
xiànzài zěnmeyàng le?

교체연습

房间
fángjiān 방

机场
jīchǎng 공항

学校
xuéxiào 학교

张京
肚子还是很疼。
Dùzi háishi hěn téng.

朴民秀
我陪你去医院吧。
Wǒ péi nǐ qù yīyuàn ba.

医生	**你哪儿不舒服？** Nǐ nǎr bù shūfu?

张京	**我肚子疼得厉害，有点儿发烧。** Wǒ dùzi téng de lìhai, yǒudiǎnr fāshāo.
医生	**我看看。……** Wǒ kànkan. **我给你开点儿药。按时吃药就行了。** Wǒ gěi nǐ kāi diǎnr yào. Ànshí chī yào jiù xíng le.
张京	**医生，这些药都怎么吃❶？** Yīshēng, zhèxiē yào dōu zěnme chī?
医生	**每天吃三次，每次两片。** Měitiān chī sān cì, měi cì liǎng piàn.

TIP

❶ 这些 zhèxiē는 '약간, 조금'을 뜻하는 양사이며, 这 zhè(那 nà) 뒤에 써서 복수의 의미를 나타냅니다.
예 这些东西 zhèxiē dōngxi (이 물건들) / 那些书 nàxiē shū (그 책들)

③ 문병하기

▶ 08-05

金珉
怎么样？好点儿了吗？
Zěnmeyàng? Hǎo diǎnr le ma?

张京
好多了。谢谢你的关心。
Hǎo duō le. Xièxie nǐ de guānxīn.

金珉
你脸色不太好，还是多休息几天吧。
Nǐ liǎnsè bú tài hǎo, háishi duō xiūxi jǐ tiān ba.

张京
下周开始期末考试了❷，我有点儿担心。
Xiàzhōu kāishǐ qīmò kǎoshì le, wǒ yǒudiǎnr dānxīn.

金珉
你别担心，我帮你复习。
Nǐ bié dānxīn, wǒ bāng nǐ fùxí.

张京
谢谢，你也多注意身体啊。
Xièxie, nǐ yě duō zhùyì shēntǐ a.

교체연습

拿
ná 잡다, 들다

读
dú 읽다

写
xiě 쓰다

TIP

❷ 开始 kāishǐ는 '시작하다'라는 뜻의 동사이며, 뒤에는 명사목적어나 동사목적어가 올 수 있다.

예 我刚开始学习汉语。 Wǒ gāng kāishǐ xuéxí Hànyǔ. (나는 이제 막 중국어를 배우기 시작했다.)

我们开始了新的生活。 Wǒmen kāishǐle xīn de shēnghuó. (우리는 새로운 생활을 시작했다.)

① 有点儿 / 一点儿

有点儿과 一点儿은 둘 다 '좀', '약간'의 의미로 정도를 나타내지만, 문장에서 쓰이는 위치는 다르다.

■ 有点(儿) : 부사로 형용사·동사 앞에 쓰이며, 주로 불만족스럽거나 부정적인 상황에 쓰인다.

肚子有点儿疼。
Dùzi yǒudiǎnr téng.

我有点担心。
Wǒ yǒudiǎn dānxīn.

这家商店的东西有点儿贵。
Zhè jiā shāngdiàn de dōngxi yǒudiǎnr guì.

今天有点儿冷。
Jīntiān yǒudiǎnr lěng.

■ 一点 (儿) /(一)点儿 : 수량사로 형용사나 동사 뒤에 쓰이며, 수량의 적음을 나타낸다.

你买(一)点儿鸡蛋吧。
Nǐ mǎi (yì)diǎnr jīdàn ba.

我喝了一点酒。
Wǒ hēle yìdiǎn jiǔ.

他好(一)点儿了。
Tā hǎo (yì)diǎnr le.

今天比昨天热一点儿。
Jīntiān bǐ zuótiān rè yìdiǎnr.

• '(다른 것보다) 조금 ~하다'라는 비교의 의미를 나타내기도 합니다.

확인문제

❶ 빈칸에 有点儿 또는 一点儿을 알맞게 쓰세요.

① 有没有便宜_____的?

② 今天天气_____冷。

③ 这件衣服_____贵。

④ 他比我高_____。

❷ 다음 제시된 단어를 재배열하여 문장을 완성하세요.

① 难 / 有点儿 / 这本书　　　→ _____。　이 책은 좀 어렵다.

② 买 / 我想 / 苹果 / 一点儿　→ _____。　나는 사과를 좀 사려고 한다.

③ 头疼 / 我 / 有点儿　　　　→ _____。　나는 머리가 좀 아프다.

④ 便宜 / 比 / 这个 / 那个 / 点儿 → _____。　이것은 저것보다 좀 싸다.

② 동량보어

중국어에서는 동사의 의미에 따라 다양한 양사를 사용하여 동작의 횟수를 나타내며, 양사는 「동사 + 수사 + 양사」의 어순으로 쓰인다. 동작의 횟수를 나타내는 양사를 '동량사(动量词)'라고 하며, 동량사가 수사와 함께 동사 뒤에서 동작이 발생된 횟수를 보충해 주는 말을 '동량보어(动量补语)'라고 한다.

동작의 성격에 따라서 양사를 구분하여 쓰며, 자주 쓰이는 양사는 次 cì, 下 xià, 遍 biàn, 趟 tàng 등이 있다.

■ 次 : 동작의 일반적인 발생 횟수

这部电影我看了两次。
Zhè bù diànyǐng wǒ kànle liǎng cì.

我吃过一次中国菜。
Wǒ chīguo yí cì Zhōngguócài.

■ 趟 : 왕복한 횟수

他来过这儿一趟。
Tā láiguo zhèr yí tàng.

我要去上海一趟。
Wǒ yào qù Shànghǎi yí tàng.

■ 遍 : 처음부터 끝까지 완성한 횟수

这本书我看了两遍。
Zhè běn shū wǒ kànle liǎng biàn.

请再说一遍。
Qǐng zài shuō yí biàn.

・「동사 + 一下」의 형식은 '좀 ~해 보다'라는 의미를 나타내기도 합니다.

■ 下 : 구체적인 동작의 횟수

我给大家介绍一下。
Wǒ gěi dàjiā jièshào yíxià.

请看一下。
Qǐng kàn yíxià.

목적어가 있을 때 목적어는 일반적으로 동량사 뒤에 온다.

我吃过一次中国菜。
Wǒ chīguo yí cì Zhōngguócài.

我去过两趟上海。
Wǒ qùguo liǎng tàng Shànghǎi.

목적어가 대명사일 경우, 목적어는 동사 뒤에 온다.

我见过他一次。
Wǒ jiànguo tā yí cì.

我看过你几次。
Wǒ kànguo nǐ jǐ cì.

확인문제

❶ 빈칸에 알맞은 단어를 고르세요.

A 一下	B 趟	C 遍	D 次

① 这本书我看了三 _____ 。

② 我去过两 _____ 北京。

③ 请看 _____ 。

④ 我见过他一 _____ 。

❷ 다음 틀린 문장을 바르게 고치세요.

① 他一次吃过日本菜。　　→ _____。

② 我见过两次他。　　　　→ _____。

③ 我看了这部电影三次。　→ _____。

④ 我要一趟去市场。　　　→ _____。
　　shìchǎng 시장

③ 부사 还是

还是가 부사로 쓰일 때는 주로 다음의 몇 가지 의미로 쓰인다.

■ **여전히 : 동작이나 상태가 그대로 유지됨을 나타낸다.**

肚子还是很疼。
Dùzi háishi hěn téng.

我们还是好朋友。
Wǒmen háishi hǎo péngyou.

■ **~하는 편이 더 좋겠다 : 비교를 거쳐 상대적으로 만족스러운 쪽을 선택했음을 나타낸다.**

A: 我们坐飞机去还是坐船去? Wǒmen zuò fēijī qù háishi zuò chuán qù?
B: 飞机快，还是坐飞机去吧。 Fēijī kuài, háishi zuò fēijī qù ba.

A: 我不知道怎么做。 Wǒ bù zhīdao zěnme zuò.
B: 我以前做过，还是我来做吧。 Wǒ yǐqián zuòguo, háishi wǒ lái zuò ba.
　　└─ 이전

확인문제

❶ 제시된 문장의 还是와 용법이 다른 문장을 고르세요.

> 你还是多休息吧。

① 还是去吃饭吧。　　　　② 腿还是有点儿疼。

③ 我还是喜欢他。　　　　④ 我们还是去那家商店买吧。
　　　　　　　　　　　　　　　　　　└─ jiā 가정·가게·기업 따위를 세는 단위

❷ 서로 관련 있는 문장을 고르세요.

① 我有点儿忙。　　☐　　　A 我还是买那件吧。

② 这件有点儿贵。　☐　　　B 还是你来我家吧。

③ 我的手机坏了。　☐　　　C 还是多休息几天吧。
　　└ huài 망가지다

④ 头有点儿疼。　　☐　　　D 你还是买新的吧。
　　　　　　　　　　　　　　　└ xīn 새롭다

▶ 08-06

1

A 你哪儿不舒服？

Nǐ nǎr bù shūfu?

B 我这几天肚子有点儿疼。

Wǒ zhè jǐ tiān dùzi yǒudiǎnr téng.

眼睛 yǎnjing 눈

牙 yá 치아

腰 yāo 허리

2

A 请问这些药都怎么吃？

Qǐngwèn zhèxiē yào dōu zěnme chī?

B 每天吃三次，每次两片。

Měitiān chī sān cì, měi cì liǎng piàn.

一片 yí piàn 1알

半片 bàn piàn 반 알

十粒 shí lì 10알

3

A 你脸色不太好，还是多休息几天吧。

Nǐ liǎnsè bú tài hǎo, háishi duō xiūxi jǐ tiān ba.

B 谢谢你的关心。

Xièxie nǐ de guānxīn.

回家休息 huíjiā xiūxi 집에 가서 쉬다

我来做 wǒ lái zuò 내가 하다

去看医生 qù kàn yīshēng 의사에게 진찰 받으러 가다

1 녹음을 듣고 관련된 그림을 고르세요. ▶ 08-07

A 　B 　C 　D

① ☐　② ☐　③ ☐　④ ☐

2 녹음을 듣고 질문에 알맞은 대답을 고르세요. ▶ 08-08

①	A 手	B 头	C 肚子
②	A 几次	B 两次	C 三次
③	A 一次	B 两次	C 几次
④	A 便宜	B 漂亮	C 贵

3 다음 빈칸에 들어갈 수 있는 단어를 고르세요.

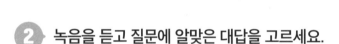

보기

| A 一点儿 | B 一趟 | C 有点儿 | D 还是 | E 一遍 |

① 我要去 _____ 上海。

② 这件漂亮，_____ 买这件吧。

③ 哥哥的房间比我的大 _____。

④ 你 _____ 发烧，还是去医院吧。

4 다음 제시된 문장과 ★ 문장의 의미가 일치하면 √표, 일치하지 않으면 ×표 하세요.

① 这个有点贵，还是买别的吧。　　★ 我不想买这个。

② 我见过他几次。　　★ 我不认识他。

③ 数学有点儿难。
　shùxué 수학　　★ 我想学数学。

④ 你开车开得很好，还是你来开吧。　　★ 我不会开车。

5 다음 문장을 활용하여 대화를 연습해 보세요.

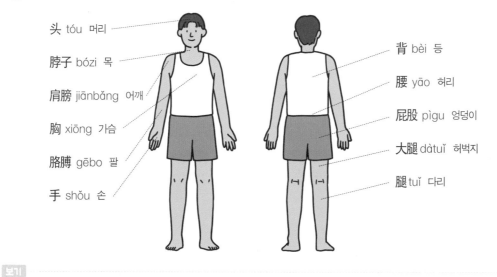

头 tóu 머리
脖子 bózi 목
肩膀 jiānbǎng 어깨
胸 xiōng 가슴
胳膊 gēbo 팔
手 shǒu 손

背 bèi 등
腰 yāo 허리
屁股 pìgu 엉덩이
大腿 dàtuǐ 허벅지
腿 tuǐ 다리

보기

A: 你哪儿不舒服？
B: 我肚子有点儿疼。
A: 现在怎么样了？
B: 好多了。/ 好一点了。/ 还是很疼。

중국의 병원

일반적으로 중국 병원에는 내과(内科 nèikē)과 외과(外科 wàikē) 계통의 진료과와 이비인후과(耳鼻喉科 ěrbíhóukē), 산부인과(妇产科 fùchǎnkē), 피부과(皮肤科 pífūkē), 안과(眼科 yǎnkē) 등의 진료 과목이 있습니다.

중국의 병원에 가면 门诊 ménzhěn이라는 단어를 볼 수 있는데 이는 외래진료를 뜻하며, 急诊 jízhěn은 응급진료를 뜻합니다. 병원의 일반적인 이용 순서는 다음과 같습니다.

① 접수(挂号 guàhào)　　② 진찰(看病 kànbìng)
③ 수납(收费 shōufèi)　　④ 약 수령(取药 qǔyào)

최근에는 성형에 대한 수요가 급증해 한국성형술이 중국으로 진출하는 예가 늘고 있습니다. 중국에서는 한국 성형문화의 영향을 받아 성형수술(整容 zhěngróng) 및 치아교정(矫正牙齿 jiǎozhèng yáchǐ), 라식수술(近视眼手术 jìnshìyǎn shǒushù), 쌍꺼풀수술(双眼皮手术 shuāngyǎnpí shǒushù), 코수술(隆鼻手术 lóngbí shǒushù), 지방흡입(吸脂手术 xīzhī shǒushù) 등이 유행처럼 번지고 있습니다.

09

你发到我的邮箱里吧。

메일로 보내 주세요.

학습 목표

❶ 이메일에 쓸 수 있는 간단한 표현을 익힌다.
❷ 동작의 지속을 나타내는 표현을 익힌다.

기본 표현

❶ 你发到我的邮箱里吧。 Nǐ fādào wǒ de yóuxiāng lǐ ba.

❷ 她教我汉语。 Tā jiāo wǒ Hànyǔ.

❸ 喜欢听着音乐看书。 Xǐhuan tīngzhe yīnyuè kàn shū.

❹ 我已经收到你的邮件了。 Wǒ yǐjing shōudào nǐ de yóujiàn le.

用 yòng [개] ~로써 [동] 쓰다	爱 ài [동] 사랑하다, 좋아하다
中文 Zhōngwén [명] 중국어	笑 xiào [동] 웃다
作文 zuòwén [명] 작문 [동] 작문하다	说话 shuōhuà [동] 말하다
发 fā [동] 보내다	着 zhe [조] ~하고 있다 [동작의 지속을 나타냄], ~해 있다 [상태의 지속을 나타냄]
邮箱 yóuxiāng [명] 메일함 = 电子邮箱 diànzǐ yóuxiāng	音乐 yīnyuè [명] 음악
邮箱地址 yóuxiāng dìzhǐ [명] 이메일 주소	快乐 kuàilè [형] 즐겁다, 유쾌하다
邮件 yóujiàn [명] 우편, 메일	收 shōu [동] 받다
知道 zhīdao [동] 알다	收到 shōudào [동] 받다, 수령하다
告诉 gàosu [동] 알리다	完 wán [동] 완성하다, 마치다
麻烦 máfan [형] 번거롭다, 귀찮다	挺 tǐng [부] 상당히, 대단히
天 tiān [명] 날씨, 하늘	错 cuò [동] 틀리다
凉 liáng [형] 서늘하다	地方 dìfang [명] 곳, 자리
附件 fùjiàn [명] 첨부 파일, 부품	继续 jìxù [동] 계속하다
教 jiāo [동] 가르치다	加油 jiāyóu 파이팅, 격려하다

● 녹음을 듣고 따라 읽어 보세요.

09-02

1

Jiāo. 教。

Jiāo wǒ. 教我。

Jiāo wǒ Hànyǔ. 教我汉语。

Tā jiāo wǒ Hànyǔ. 她教我汉语。

2

Tīngzhe yīnyuè. 听着音乐。

Tīngzhe yīnyuè kàn shū. 听着音乐看书。

Xǐhuan tīngzhe yīnyuè kàn shū. 喜欢听着音乐看书。

3

Shōudào. 收到。

Shōudào yóujiàn. 收到邮件。

Yǐjing shōudào yóujiàn le. 已经收到邮件了。

Wǒ yǐjing shōudào yóujiàn le. 我已经收到邮件了。

1 이메일 주소 묻기 ▶ 09-03

朴民秀
京京，我用中文写了作文❶。
Jīngjing, wǒ yòng Zhōngwén xiěle zuòwén.

你能不能帮我看一下？
Nǐ néng bu néng bāng wǒ kàn yíxià?

张京
没问题！你发到我的邮箱里吧。
Méi wèntí! Nǐ fādào wǒ de yóuxiāng lǐ ba.

朴民秀
我还不知道你的邮箱地址呢。
Wǒ hái bù zhīdao nǐ de yóuxiāng dìzhǐ ne.

张京
我现在告诉你吧。
Wǒ xiànzài gàosu nǐ ba.

교체연습

地址
dìzhǐ 주소

手机号码
shǒujī hàomǎ
휴대전화번호

电话号码
diànhuà hàomǎ
전화번호

TIP

❶ 用 yòng은 '쓰다', '사용하다'라는 뜻의 동사로, 사용하는 도구를 나타내어 '~로써'라는 의미로 쓰이기도 합니다.

예 电脑用英语怎么说? Diànnǎo yòng Yīngyǔ zěnme shuō? (컴퓨터는 영어로 어떻게 말하죠?)

京京：
Jīngjing:

我给你发了我写的作文，麻烦你帮我看一下。
Wǒ gěi nǐ fāle wǒ xiě de zuòwén, máfan nǐ bāng wǒ kàn yíxià.

天凉了，注意身体！
Tiān liáng le, zhùyì shēntǐ!

民秀
Mínxiù

附件：
fùjiàn:

我有个中国朋友，她教我汉语。
Wǒ yǒu ge Zhōngguó péngyou, tā jiāo wǒ Hànyǔ.

她爱笑，爱说话❷，喜欢听着音乐看书。
Tā ài xiào, ài shuōhuà, xǐhuan tīngzhe yīnyuè kàn shū.

我跟她在一起很快乐。
Wǒ gēn tā zài yìqǐ hěn kuàilè.

TIP
❷ 爱 ài는 '사랑하다', '좋아하다'라는 뜻 외에 '곧잘 ~하다'로도 쓰입니다.

③ 이메일 보내기 2　▶ 09-05

民秀 :
Mínxiù:

我已经收到你的邮件了，
Wǒ yǐjing shōudào nǐ de yóujiàn le,

也看完了你的作文。
yě kànwánle nǐ de zuòwén.

你写得挺好的❸, 没有写错的地方。
Nǐ xiě de tǐng hǎo de, méiyǒu xiěcuò de dìfang.

继续加油吧!
Jìxù jiāyóu ba!

京京
Jīngjing

교체연습

看
kàn 보다

找
zhǎo 찾다

传
chuán 전달하다, 전하다

TIP

❸ 挺 tǐng은 '매우'라는 뜻의 부사로 「挺…的 tǐng…de」로 주로 쓰입니다.
예 这个菜挺好吃的。 Zhège cài tǐng hǎo chī de. (이 요리 정말 맛있다.)

① 이중목적어 동사술어문

중국어에서 일부 동사는 목적어를 두 개 가질 수 있는데, 이러한 문장을 '이중목적어 동사술어문'이라고 한다. 일반적으로 사람을 가리키는 간접목적어를 앞에 쓰고, 사물을 가리키는 직접목적어는 뒤에 쓴다. 이중목적어를 가질 수 있는 동사에는 '教 jiāo 가르치다', '给 gěi 주다', '送 sòng 보내다', '告诉 gàosu 알리다', '还 huán 돌려주다', '问 wèn 묻다' 등이 있다.

주어	술어	목적어1	목적어2
她	教	我	汉语。
Tā	jiāo	wǒ	Hànyǔ.
그녀는	가르쳐 주다	나에게	중국어를

> • 이중목적어를 가지는 동사는 대체로 '주다'의 의미를 내포하고 있습니다.

我告诉你我的手机号码。
Wǒ gàosu nǐ wǒ de shǒujī hàomǎ.

我送你一件礼物。
Wǒ sòng nǐ yí jiàn lǐwù.

我给他一本词典。
Wǒ gěi tā yì běn cídiǎn.

我问你一个问题。
Wǒ wèn nǐ yí ge wèntí.

확인문제

❶ 다음 제시된 단어를 재배열하여 문장을 완성하세요.

① 我 / 一个问题 / 问 / 老师

　➡ ＿＿＿＿＿＿＿＿＿＿＿＿＿＿＿＿＿ 。 나는 선생님께 질문 하나를 물었다.

② 给 / 我 / 汉语词典 / 他

　➡ ＿＿＿＿＿＿＿＿＿＿＿＿＿＿＿＿＿ 。 내가 그에게 중국어 사전을 주었다.

③ 他 / 礼物 / 我们 / 送 / 吧

　➡ ＿＿＿＿＿＿＿＿＿＿＿＿＿＿＿＿＿ 。 우리 그 사람에게 선물을 보내자.

④ 教 / 英语 / 王老师 / 我们

　➡ ＿＿＿＿＿＿＿＿＿＿＿＿＿＿＿＿＿ 。 왕 선생님은 우리에게 영어를 가르치신다.

② 동태조사 着

着는 동사 뒤에 쓰여 동작의 진행 또는 상태의 지속을 나타내는 조사이다. 일반적으로 「동사 + 着 + (목적어)」의 어순으로 표현한다.

他拿着一本书。
Tā názhe yì běn shu.

门开着。
Mén kāizhe.

他在椅子上坐着。
Tā zài yǐzi shang zuòzhe.
의자

我听着音乐看书。
Wǒ tīngzhe yīnyuè kàn shū.

동작의 진행을 표현하는 正, 在, 正在와 함께 쓰여 「(正, 在, 正在) + 동사 + 着 + (목적어) + (呢)」의 어순으로 동작 진행의 지속을 표현하기도 한다.

他正在打着电话呢。
Tā zhèngzài dǎzhe diànhuà ne.

他正等着你呢。
Tā zhèng děngzhe nǐ ne.
기다리다

확인문제

❶ 着가 들어갈 알맞은 위치를 고르세요.

① 我□听□音乐□看□书。

② 他□拿□一本书□跑□。

③ 哥哥□在□床上□坐□。

④ 他□穿□白色□的衣服□。

❷ 그림을 보고 着를 이용해 문장을 완성하세요.

①看/电视　　②门/开　　③坐/椅子　　④听音乐/跑步

③ 결과보어(2) – 到, 完, 错

동사 뒤에서 동작·행위의 결과를 보충해 주는 성분을 '결과보어'라고 한다. 결과보어 '到', '完', '错'의 용법은 다음과 같다.(7과_어법_결과보어(1) 참조)

- **到 : 목적에 달성하다(V해내다)**

我已经收到你的邮件了。
Wǒ yǐjing shōudào nǐ de yóujiàn le.

昨天我见到张京了。
Zuótiān wǒ jiàndào Zhāng Jīng le.

- **完 : 완성하다(다 V하다)**

我看完了你的作文。
Wǒ kànwánle nǐ de zuòwén.

我写完作业了。
Wǒ xiěwán zuòyè le.

- **错 : 결과가 잘못되다(잘못 V하다)**

这个字写错了，你再写一下。
Zhè ge zì xiěcuò le, nǐ zài xiě yíxià.

你打错电话了。
Nǐ dǎcuò diànhuà le.

부정형은 동사 앞에 没(有)를 쓴다.

写错了。
Xiěcuò le.

⟷

没有写错。
Méiyǒu xiěcuò.

看完了。
Kànwán le.

⟷

没看完。
Méi kànwán.

❶ 우리말 해석을 보고 빈칸에 들어갈 알맞은 단어를 고르세요.

| A 错 | B 没 | C 到 | D 完 |

① 这本书我_____看完。 　　이 책은 다 보지 못했어요.

② 你打_____电话了。 　　전화 잘못 거셨어요.

③ 我没找_____手表。 　　저는 손목시계를 찾지 못했어요.
　　　└─ shǒubiǎo 손목시계

④ 这件事我们能做_____。 　　이 일은 우리가 완성해 낼 수 있어요.

❷ 다음 제시된 단어를 활용하여 문장을 만들어 보세요.

① 收到 / 我 / 你的邮件 / 了

　➡ _____。 　나는 네 메일을 받았어.

② 作业 / 写完 / 他 / 了

　➡ _____。 　그는 숙제를 다 했다.

③ 说错 / 了 / 我

　➡ _____。 　내가 잘못 말했다.

④ 我 / 那本词典 / 买到了

　➡ _____。 　나는 그 사전을 샀다.

▶ 09-06

1

A 你能不能帮我看一下?
Nǐ néng bu néng bāng wǒ kàn yíxià?

B 没问题!
Méi wèntí!

写 xiě 쓰다

说 shuō 말하다

找 zhǎo 찾다

2

A 我教你汉语吧!
Wǒ jiāo nǐ Hànyǔ ba!

B 太好了!
Tài hǎo le!

英语 Yīngyǔ 영어

日语 Rìyǔ 일본어

法语 Fǎyǔ 프랑스어

3

A 他说汉语说得挺好的。
Tā shuō Hànyǔ shuō de tǐng hǎo de.

B 对啊!
Duì a!

不错 búcuò 잘하다, 좋다

流利 liúlì 유창하다

快 kuài 빠르다

1 녹음을 듣고 관련된 그림을 고르세요. ▶ 09-07

A    B    C   D

① [　]   ② [　]   ③ [　]   ④ [　]

▶ 09-08

2 녹음을 듣고 질문에 알맞은 대답을 고르세요.

① A 手表	B 词典	C 汉语书
② A 游泳	B 看书	C 做菜
③ A 中国书	B 一本书	C 一本词典
④ A 词典	B 手表	C 自行车

3 다음 빈칸에 들어갈 수 있는 단어를 고르세요.

보기

A 没   B 在   C 着   D 用   E 完

① 我还 _____ 找到工作。

② 你 _____ 我的手机打吧。

③ 他穿 _____ 白色的衣服。

④ 我的话还没说 _____ 。

4 다음 제시된 문장과 관련된 문장을 고르세요.

① 你能帮我看一下吗？ ⬜ A 我已经收到了。

② 昨天我给你发了邮件。 ⬜ B 我现在告诉你吧。

③ 你觉得她怎么样？ ⬜ C 没问题！你发到我的邮箱吧。

④ 我不知道你的手机号码。 ⬜ D 她爱笑、爱说话，我很喜欢她。

5 본문에서 배운 조사 着(~하고 있다)를 이용해 다음 그림을 묘사해 보세요.

关　　看　　打电话
开　　做菜　　玩电脑
kāi (TV·전등 따위를) 켜다

중국의 인터넷 문화

"전자정부론 수업에서 TGIF를 소개했는데 '感谢上帝今天是星期五(thanks God it's friday)'라는 뜻이 아니었다. 트위터(推特tuītè), 구글(谷歌 gǔgē), 아이폰(爱疯 àifēng), 페이스북(脸书liǎnshū)의 총칭이란다. 트위터와 페이스북은 중국정부에서 차단했고, 아이폰은 중국에 많이 보급되지 않았고, 구글은 중국시장에서 퇴출되었다. 그런데 이런 것들에 대해 토론을 하라고 하시다니…"

위의 글은 한국에서 유학 중인 한 중국학생이 자신의 블로그(博客 bókè)에 올린 글입니다. 이렇게 세계 인터넷 거대기업들은 중국에서 고전을 면치 못하고 있는데, 그 원인은 중국화의 실패와 중국정부의 통제 때문입니다.

한편 중국인들은 '중국 인터넷'으로 온라인 음악과 인터넷 쇼핑, 메신저 사용을 즐깁니다. 현재 중국의 대표 검색엔진은 바이두(百度 www.baidu.com)입니다. 네티즌들은 '百度一下 bǎidù yíxià'라는 표현을 주로 쓰는데, 이는 '바이두로 검색해 봐!'라는 뜻입니다.

전자상거래에서는 타오바오왕(淘宝网 www.taobao.com), 메신저는 텅쉰왕(腾讯网 www.qq.com)의 QQ와 웨이신(微信 Wēixìn)이 대표적입니다. 또한 SNS(社交网站 shèjiāo wǎngzhàn)도 크게 유행하고 있습니다. 微博 Wēibó는 미니 블로그, 마이크로 블로그(微型博客 wēixíng bókè)의 준말로 중국에서 자신들이 만든 플랫폼입니다. 2009년 8월 시작했으며 중국판 트위터로 불립니다. 우리에게 '틱톡(TikTok)'으로 잘 알려진 抖音(Dǒuyīn)은 2016년 9월 젊은 SNS층을 겨냥해 출시된 15초 쇼트클립 앱으로 글로벌 숏폼 모바일 비디오 플랫폼입니다.

중국 최대 쇼핑몰 '타오바오'

중국 대표 검색엔진 '바이두'

중국판 트위터 '웨이보'

중국의 1세대 메신저 'QQ'

중국판 카카오톡 '웨이신(위챗)'

비디오 플랫폼 '틱톡'

我准备这周末订机票。

이번 주말에 비행기표를 예매하려고 해요.

학습 목표

① 예약에 관련된 기본적인 표현을 익힌다.

② 是…的를 이용한 강조 표현을 익힌다.

기본 표현

① 我准备这周末订机票。 Wǒ zhǔnbèi zhè zhōumò dìng jīpiào.

② 你是什么时候来韩国的? Nǐ shì shénme shíhou lái Hánguó de?

③ 机票订好了吗? Jīpiào dìnghǎo le ma?

④ 请告诉我您的英文名字和护照号码。
Qǐng gàosu wǒ nín de Yīngwén míngzi hé hùzhào hàomǎ.

▶ 10-01

韩国 Hánguó 고유 한국 [국가명]	等 děng 통 기다리다
去年 qùnián 명 작년	请稍等 qǐng shāo děng 조금만 기다리세요
结束 jiéshù 통 마치다	往返票 wǎngfǎnpiào 명 왕복표
后 hòu 명 뒤, 후, 다음	英文 Yīngwén 명 영문, 영어
回国 huíguó 통 귀국하다	护照 hùzhào 명 여권
机票 jīpiào 명 비행기표	机场 jīchǎng 명 공항
订 dìng 통 예약하다	接 jiē 통 마중하다, 맞이하다
准备 zhǔnbèi 조동 ~하려고 하다, ~할 계획이다 통 준비하다	不用了 bú yòng le 괜찮아요, 됐어요
售票员 shòupiàoyuán 명 매표원	打车 dǎchē 통 택시를 타다
东方航空 Dōngfāng Hángkōng 고유 동방항공 [항공사명]	可 kě 부 강조의 어감을 표현
张 zhāng 양 장 [종이·침대 등 넓은 면을 가진 것을 셀 때 쓰임]	会 huì 조동 ~할 것이다 [가능이나 실현을 나타냄]
仁川 Rénchuān 고유 인천 [지명]	时候 shíhou 명 때, 시각, 시간
稍 shāo 부 약간, 조금	到时候 dào shíhou 그때가 되면, 그때

● 녹음을 듣고 따라 읽어 보세요.   ▶ 10-02

1

Dìng jīpiào.   订机票。

Zhè zhōumò dìng jīpiào.   这周末订机票。

Zhǔnbèi zhè zhōumò dìng jīpiào.   准备这周末订机票。

Wǒ zhǔnbèi zhè zhōumò dìng jīpiào.   我准备这周末订机票。

2

Lái Hánguó.   来韩国。

Shénme shíhou lái Hánguó?   什么时候来韩国？

Shì shénme shíhou lái Hánguó de?   是什么时候来韩国的？

Nǐ shì shénme shíhou lái Hánguó de?   你是什么时候来韩国的？

3

Dìnghǎo le.   订好了。

Dìnghǎo le ma?   订好了吗？

Jīpiào dìnghǎo le ma?   机票订好了吗？

1 귀국 계획하기

朴民秀　京京，你是什么时候来韩国的?
Jīngjing, nǐ shì shénme shíhou lái Hánguó de?

张京　我是去年来韩国的。
Wǒ shì qùnián lái Hánguó de.

朴民秀　这个学期结束后要回国吧?
Zhè ge xuéqī jiéshù hòu yào huíguó ba?

机票订好了吗?
Jīpiào dìnghǎo le ma?

张京　还没呢。我准备这周末订机票❶。
Hái méi ne. Wǒ zhǔnbèi zhè zhōumò dìng jīpiào.

교체 연습

结婚
jiéhūn 결혼하다

回来
huílái 돌아오다

毕业
bìyè 졸업하다

TIP

❶ 准备 zhǔnbèi는 본래 '준비하다'라는 뜻의 동사인데, 동사 앞에서 '〜하려고 하다', '〜할 계획이다'라는 뜻의 조동사로 쓰이기도 합니다. 打算 dǎsuan과 그 용법이 유사합니다.
예 我准备去北京。Wǒ zhǔnbèi qù Běijīng. (나는 베이징에 가려고 한다.)

售票员 **您好! 这里是东方航空。**
Nín hǎo! Zhèlǐ shì Dōngfāng Hángkōng.

张京 **你好! 我想订一张二十八号仁川到上海的机票。**
Nǐ hǎo! Wǒ xiǎng dìng yì zhāng èrshíbā hào Rénchuān
dào Shànghǎi de jīpiào.

售票员 **请稍等。二十八号上午十点五十分，可以吗?**
Qǐng shāo děng. Èrshíbā hào shàngwǔ shí diǎn wǔshí
fēn, kěyǐ ma?

张京 **可以。 我要往返票。**
Kěyǐ.   Wǒ yào wǎngfǎnpiào.

售票员 **好的。请告诉我您的英文名字和护照号码。**
Hǎo de. Qǐng gàosu wǒ nín de Yīngwén míngzi hé hùzhào
hàomǎ.

교체연습

房间
fángjiān 방

电影票
diànyǐngpiào 영화표

火车票
huǒchēpiào 기차표

③ 귀국 계획 알리기

▶ 10-05

张京
喂，妈！我已经订好机票了。
Wéi, mā! Wǒ yǐjing dìnghǎo jīpiào le.

妈妈
什么时候订的票？
Shénme shíhou dìng de piào?

张京
是昨天订的。二十八号十点五十分的飞机。
Shì zuótiān dìng de. Èrshíbā hào shí diǎn wǔshí fēn de fēijī.

妈妈
好的，我去机场接你吧。
Hǎo de, wǒ qù jīchǎng jiē nǐ ba.

张京
不用了，我打车就行了。
Bú yòng le, wǒ dǎchē jiù xíng le.

妈妈
那可不行❷。妈会去接你的，到时候再联系！
Nà kě bù xíng. Mā huì qù jiē nǐ de, dào shíhou zài liánxì!

교체 연습

来
lái 오다

告诉你
gàosu nǐ 네게 말하다

TIP

❷ 可 kě는 강조의 어조를 표현한다.
예 她可漂亮了。Tā kě piàoliang le. (그녀는 정말 예쁘다.)

138

1 是…的

「是…的」구문은 이미 발생한 동작행위의 시간 · 장소 · 방식 · 행위주체 등을 구체적으로 강조해서 표현할 때 쓴다. 「주어 + 是 + 강조할 내용 + 的」의 어순으로 표현하며 是는 생략할 수 있다.

■ 시간

A: 你是什么时候来韩国的?
　　Nǐ shì shénme shíhou lái Hánguó de?

B : 我是去年来韩国的。
　　Wǒ shì qùnián lái Hánguó de.

■ 방법

A: 你是怎么来学校的?
　　Nǐ shì zěnme lái xuéxiào de?

B : (是)坐地铁来的。
　　(Shì) Zuò dìtiě lái de.

■ 장소

A: 这是在哪儿买的?
　　Zhè shì zài nǎr mǎi de?

B : (是)在市场买的。
　　(Shì) Zài shìchǎng mǎi de.

■ 행위주체

A: 这是谁做的?
　　Zhè shì shéi zuò de?

B : 是我朋友做的。
　　Shì wǒ péngyou zuò de.

这(那)가 주어로 쓰인 문장과 부정문에서는 是가 생략될 수 없다.

这是他自己做的。
Zhè shì tā zìjǐ zuò de.

他不是昨天来的。
Tā bú shì zuótiān lái de.

└─ 스스로, 혼자서

일반목적어는 的 뒤에 쓰기도 한다. 단, 인칭대사가 목적어로 올 경우에는 的 앞에 놓인다.

我是去年上的大学。
Wǒ shì qùnián shàng de dàxué.

是他告诉我的。
Shì tā gàosu wǒ de.

└─ 대학교

확인문제

❶ 빈칸에 들어갈 알맞은 단어를 고르세요.

A 是	B 的	C 不是	D 得

① 你是在哪儿买 _____ 词典?

② 这 _____ 我写的作文，是京京写的。

③ 你 _____ 什么时候见他的?

④ 我是去年毕业 _____ 。

❷ 서로 관련된 문장을 고르세요.

① 你丈夫是什么时候去北京的? ☐　　A 我是坐公交车来的。

└─ gōngjiāochē 버스

② 你是怎么来的? ☐　　B 我弟弟做的。

③ 这个菜是谁做的? ☐　　C 他昨天去的。

④ 这件衣服在哪儿买的? ☐　　D 在商店买的。

■ 好 : 완성되거나 만족한 상태로 되다(~해내다)

我已经订好机票了。
Wǒ yǐjīng dìnghǎo jīpiào le.

他的自行车我修好了。
Tā de zìxíngchē wǒ xiūhǎo le.

作业都写好了。
Zuòyè dōu xiěhǎo le.

午饭还没做好。
Wǔfàn hái méi zuòhǎo.

❶ 제시된 문장의 好와 용법이 다른 것을 고르세요.

> 我已经订好了。

① 你的衣服好漂亮啊!　　② 我做好晚饭了。

③ 请关好门。　　④ 这本词典很好。

❷ 다음 제시된 단어를 배열하여 문장을 완성하세요.

① 了 / 洗好 / 我 / 已经 / 你的衣服

→ ＿＿＿＿＿＿＿＿＿＿＿＿＿。　　네 옷을 내가 이미 빨았다.

② 这本书 / 了 / 看好 / 我

→ ＿＿＿＿＿＿＿＿＿＿＿＿＿。　　나는 이 책을 잘 봤다.

③ 他的自行车 / 修好 / 我 / 了

→ ＿＿＿＿＿＿＿＿＿＿＿＿＿。　　그의 자전거는 내가 다 고쳤다.

④ 做好 / 没 / 还 / 午饭

→ ＿＿＿＿＿＿＿＿＿＿＿＿＿。　　점심은 아직 만들지 못했다.

③ 조동사 会

조동사 会는 동사 앞에 쓰여 '~를 할 수 있다'는 의미 외에 '~할 것이다', '~할 가능성이 있다'라는 추측의 의미를 나타낸다. 문장 끝에 的를 쓰면 그 가능성이 확실하다는 어감을 표현한다.

我会去接你的。
Wǒ huì qù jiē nǐ de.

他会喜欢这件衣服的。
Tā huì xǐhuan zhè jiàn yīfu de.

他的病会治好的。
Tā de bìng huì zhìhǎo de.

他们会欢迎我吗?
Tāmen huì huānyíng wǒ ma?

부정형은 不会의 형식으로 쓰며 '~일 리 없다', '~하지 않을 것이다'라는 의미를 나타낸다.

他不会跟我一起去的。
Tā bú huì gēn wǒ yìqǐ qù de.

他不会喜欢这件衣服的。
Tā bú huì xǐhuan zhè jiàn yīfu de.

확인문제

❶ 다음 문장의 틀린 부분을 바르게 고치세요.

① 你说英语会吗?

　→ _____? 너는 영어를 할 줄 아니?

② 他们没会欢迎你的。

　→ _____。 그들이 너를 환영할 리 없어.

③ 他来会的。

　→ _____。 그는 올 것이다.

④ 你做会这个菜吗?

　→ _____? 너는 이 음식을 만들 줄 아니?

▶ 10-06

1

A 你是什么时候来韩国的?
Nǐ shì shénme shíhou lái Hánguó de?

B 我是去年来韩国的。
Wǒ shì qùnián lái Hánguó de.

昨天 zuótiān 어제

三年前 sān nián qián 3년 전

上星期 shàngxīngqī 지난주

2

A 机票订好了吗?
Jīpiào dìnghǎo le ma?

B 我准备这周末订。
Wǒ zhǔnbèi zhè zhōumò dìng.

电影票 diànyǐngpiào 영화표

火车票 huǒchēpiào 기차표

车票 chēpiào 차표

3

A 我去机场接你吧。
Wǒ qù jīchǎng jiē nǐ ba.

B 不用了,我打车就行了。
Bú yòng le, wo dǎchē jiù xíng le.

坐地铁 zuò dìtiě 지하철을 타다

坐公交车 zuò gōngjiāochē 버스를 타다

坐机场大巴 zuò jīchǎng dàbā 공항버스를 타다

연습

1 녹음을 듣고 관련된 그림을 고르세요. ▶ 10-07

A    B    C    D

① ☐   ② ☐   ③ ☐   ④ ☐

2 녹음을 듣고 질문에 알맞은 대답을 고르세요. ▶ 10-08

① A 前年 　　　 B 今年 　　　 C 去年

② A 明天 　　　 B 今天 　　　 C 周末

③ A 学校 　　　 B 学校附近的商店 　　　 C 我家附近

④ A 骑自行车 　　　 B 打车 　　　 C 坐火车

3 다음 빈칸에 들어갈 수 있는 단어를 고르세요.

> 보기
> A 的 　　　 B 好 　　　 C 会 　　　 D 用

① 他 _____ 跟你一起去王老师家的。

② 不 _____ 了，我可以去问老师。

③ 他的自行车我修 _____ 了。

④ 我哥哥是今年上 _____ 大学。

144

4 다음 제시된 문장과 ★ 문장의 의미가 일치하면 √표, 일치하지 않으면 ×표 하세요.

① 他是去年结婚的。 　　　　　★ 他去年结婚了。

② 这个菜不是我做的，是他做的。 　★ 他做了这个菜。

③ 不用了，我可以自己做。 　　　★ 我不会做。

④ 他们不会来这儿的。 　　　　　★ 他们没来这儿。

5 김민과 리밍의 여행 계획을 보고 전화로 비행기표를 예약하는 대화를 연습해 보세요.

출발일 : 10월 24일
출발지 : 인천
도착지 : 베이징

출발일 : 11월 5일
출발지 : 광저우(广州 Guǎngzhōu)
도착지 : 상하이

보기

A : 我要一张……的票?
B : 您要单程的还是往返的?
　　　　　　—dānchéng 편도
A : 我要……。
B : 请稍等。请告诉我您的英文名字和护照号码。
A : ……。

얼음축제와 눈축제

옛날 중국의 동북(东北 dōngběi)지방에서는 사냥꾼과 어민들이 겨울밤에 길을 잃지 않기 위해서 문 앞에 얼음으로 씌운 기름 등을 놓아 방향을 잡아 주던 것이 점차 민간풍속으로 발전하여, 매년 음력설과 정월 대보름날 집집마다 문 앞 물통이나 대야에 물을 얼려 얼음 등을 만들어 중간에 촛불을 놓아서 밤을 밝게 비추어 기쁨과 즐거움을 표시하게 되었는데, 이것이 빙등(冰灯 bīngdēng)의 유래입니다.

그 후, 1963년 하얼빈(哈尔滨 Hā'ěrbīn)에서는 1월 5일에서 2월 5일 사이에 눈과 얼음의 축제인 '빙등제(冰灯节 Bīngdēngjié)'와 '빙설제(冰雪节 Bīngxuějié)'를 개최하고 있습니다. 빙등제는 자오린공원(兆麟公园 zhàolín gōngyuán)에서 열리는데, 이 공원은 중국의 항일 영웅인 리자오린(李兆麟 Lǐ Zhàolín)을 기념하기 위해 설립한 공원으로, 안중근(安重根 Ān Zhònggēn) 의사가 사형대에 올라가며 조국이 독립될 때까지 자신의 시신을 묻어 달라고 유언했던 하얼빈공원의 현재 이름입니다. 개최 기간에는 전세계의 유명 얼음조각가들이 모여들어 세계의 유명 건축물이나 동물·여신상·미술품 등의 모형을 만들어 전시하는데, 영하 20℃ 이하의 추운 날씨에서 얼어붙은 송화강(松花江 Sōnghuājiāng)의 단단하고 하얀 얼음을 이용합니다. 또한 오후 4시 이후에는 얼음 조각 안의 오색등을 밝혀 아름다운 장관을 연출해, 건축·조각·회화·춤·음악 등이 고루 갖추어진 신비한 예술 세계를 보여 주기도 합니다.

빙설제는 빙등제와 별도로 송화강 북쪽에 있는 타이양다오공원(太阳岛公园 tàiyángdǎo gōngyuán)에서 열리며, 이곳에서는 눈으로 만든 조각품을 전시합니다. 섬 자체가 하나의 거대한 공원으로서, 새하얀 눈으로 세계 유명한 건축물을 조각해 전시하는데, 특히 영하 30℃까지 내려가는 추운 밤이면 대기 속의 수증기가 얼어붙어 '다이아몬드 더스트(细冰 xìbīng)' 현상이 일어나 환상적인 야경을 연출합니다.

빙등제에 전시된 얼음 조각 작품

빙설제에 전시된 눈 조각 작품

다이아몬드 더스트 현상

来我家吃饭吧。

저희 집에 식사하러 오세요.

학습 목표

① 손님을 식사에 초대했을 때 쓸 수 있는 간단한 표현을 익힌다.

② 두 가지 형용사를 함께 사용하는 표현을 익힌다.

기본 표현

① 来我家吃饭吧。 Lái wǒ jiā chī fàn ba.

② 你能吃辣的吗? Nǐ néng chī là de ma?

③ 那我不客气了。 Nà wǒ bú kèqi le.

④ 时间不早了，我该回去了。 Shíjiān bù zǎo le, wǒ gāi huíqù le.

行李 xíngli 명 짐

客气 kèqi 동 예의를 차리다, 사양하다
　　　　　형 예의가 바르다, 겸손하다

收拾 shōushi 동 정리하다, 꾸리다

该 gāi 조동 ~해야 한다, ~하는 것이 당연하다

要是 yàoshi 접 만약 ~하면

回去 huíqù 동 돌아가다

阿姨 āyí 명 아주머니

一会儿 yíhuìr; yìhuǐr 명 잠시

这么 zhème 때 이렇게
↔ **那么** nàme 때 그렇게

嗯 ńg 감 예!, 그래요

辣 là 형 맵다

欢迎 huānyíng 동 환영하다

常 cháng 부 자주

一定 yídìng 부 반드시

炒 chǎo 동 볶다

送 sòng 동 배웅하다, 보내다, 주다

辣炒年糕 làchǎoniángāo 명 떡볶이

拿手 náshǒu 형 뛰어나다, 잘하다
　　　　　명 장기, 재주

拿手菜 náshǒucài 명 자신 있는 요리,
　　　　　잘하는 요리

慢 màn 형 느리다

慢慢儿 mànmānr 부 천천히, 느릿느릿

148

녹음을 듣고 따라 읽어 보세요. ▶ 11-02

①

Lái wǒ jiā.	来我家。
Lái wǒ jiā chī.	来我家吃。
Lái wǒ jiā chī fàn ba.	来我家吃饭吧。

②

Chī là de.	吃辣的。
Néng chī là de ma?	能吃辣的吗？
Nǐ néng chī là de ma?	你能吃辣的吗？

③

Kèqi.	客气。
Bú kèqi le.	不客气了。
Wǒ bú kèqi le.	我不客气了。
Nà wǒ bú kèqi le.	那我不客气了。

① 손님 초대하기

▶ 11-03

朴民秀　你后天就走了，
　　　　Nǐ hòutiān jiù zǒu le,

　　　　行李都收拾好了没有？
　　　　xíngli dōu shōushi hǎo le méiyou?

张京　　都收拾好了。
　　　　Dōu shōushi hǎo le.

朴民秀　要是明天有时间的话，来我家吃饭吧。
　　　　Yàoshi míngtiān yǒu shíjiān dehuà, lái wǒ jiā chī fàn ba.

张京　　太好了，谢谢你。
　　　　Tài hǎo le, xièxie nǐ.

교체 연습

看
kàn 보다

吃
chī 먹다

买
mǎi 사다

张京　哇，阿姨做了这么多好吃的菜啊!
Wā, āyí zuòle zhème duō hǎochī de cài a!

朴民秀　你能吃辣的吗?
Nǐ néng chī là de ma?

张京　我很喜欢吃辣的，我常吃辣炒年糕呢。
Wǒ hěn xǐhuan chī là de, wǒ cháng chī làchǎoniángāo ne.

朴民秀　这辣炒年糕是我妈的拿手菜，慢慢儿吃吧。
Zhè làchǎoniángāo shì wǒ mā de náshǒucài, mànmānr chī ba.

张京　那我不客气了。
Nà wǒ bú kèqi le.

교체 연습

酸
suān 시다

甜
tián 달다

咸
xián 짜다

3 작별 인사하기
▶ 11-05

张京
时间不早了，我该回去了。
Shíjiān bù zǎo le, wǒ gāi huíqù le.

朴民秀
再坐一会儿吧。今天吃好了吗？
Zài zuò yìhuǐr ba. Jīntiān chīhǎo le ma?

张京
嗯，吃好了。我觉得韩国菜又辣又好吃。
Ǹg, chīhǎo le. Wǒ juéde Hánguócài yòu là yòu hǎochī.

朴民秀
欢迎你再来韩国。
Huānyíng nǐ zài lái Hánguó.

张京
我一定会再来的。再见！
Wǒ yídìng huì zài lái de. Zàijiàn!

朴民秀
我送你回去吧。
Wǒ sòng nǐ huíqù ba.

张京
你太客气了。不用送我了。
Nǐ tài kèqi le.　　Bú yòng sòng wǒ le.

어법

① 접속사 要是

要是는 '만약 ~하면'이라는 뜻으로 가정을 표현할 때 사용하는 접속사이다.

要是明天有时间的话，来我家吃饭吧。
Yàoshi míngtiān yǒu shíjiān dehuà, lái wǒ jiā chī fàn ba.

要是他来，我想跟他一起去。
Yàoshi tā lái, wǒ xiǎng gēn tā yìqǐ qù.

要是他不来呢？
Yàoshi tā bù lái ne?

「要是…就…」의 형식으로 쓰여 '만약 ~하면 ~하다'는 뜻으로 쓰이며, 복문에 주어가 있을 경우 부사 就는 뒤 절의 주어 뒤, 동사 앞에 위치한다.

要是下雪就好了。
Yàoshi xiàxuě jiù hǎo le.

我要是有钱就好了。
Wǒ yàoshi yǒu qián jiù hǎo le.

要是明天下雨，我们就不去。
Yàoshi míngtiān xiàyǔ, wǒmen jiù bú qù.

要是你能来，我就不去了。
Yàoshi nǐ néng lái, wǒ jiù bú qù le.

> **확인문제**
>
> ❶ 우리말 해석을 보고 다음 제시된 문장과 접속사 要是를 이용하여 한 문장으로 만들어 보세요.
>
> ① 他不去。我也不去。　　　　그가 가지 않으면 나도 가지 않겠다.
>
> → ＿＿＿＿＿＿＿＿＿＿＿＿＿＿＿＿＿＿＿＿＿＿。
>
> ② 他问我。我是不会回答的。　　그가 내게 묻는다면 나는 대답할 수 없다.
> 　　　　　　　huídá 대답하다
>
> → ＿＿＿＿＿＿＿＿＿＿＿＿＿＿＿＿＿＿＿＿＿＿。
>
> ③ 你坐船去。坐船要十八个小时。　만약 네가 배를 탄다면 18시간이 걸린다.
>
> → ＿＿＿＿＿＿＿＿＿＿＿＿＿＿＿＿＿＿＿＿＿＿。
>
> ④ 你看到他。你告诉他给我打电话。　만약 네가 그를 본다면 그에게 내게 전화하라고 말해 줘.
>
> → ＿＿＿＿＿＿＿＿＿＿＿＿＿＿＿＿＿＿＿＿＿＿。

② 조사 的

조사 的는 명사·동사·형용사 등 뒤에 써서 명사구를 구성하여 '~의 것', '~한 것'이라는 뜻을 나타낸다. 的 뒤에는 구체적인 대상(명사)이 생략되었으며 的가 그 대상을 대체한다.

我喜欢吃酸的(菜)。
Wǒ xǐhuan chī suān de (cài).

这本书是老师的(书)。
Zhè běn shū shì lǎoshī de (shū).

这是今天的(牛奶)。
Zhè shì jīntiān de (niúnǎi).

大的(橘子)两块钱一斤。
Dà de (júzi) liǎng kuài qián yì jīn.

확인문제

❶ 제시된 문장의 的와 용법이 다른 것을 고르세요.

> 你能吃辣的吗?

① 我想买蓝的。　　　　　② 这是我哥哥的自行车。

③ 小的不是我的。　　　　④ 你是什么时候来韩国的?

❷ 제시된 다음 대화를 완성하세요.

① A: 你要什么颜色的? 白的还是蓝的?

　 B: ＿＿＿＿＿＿＿＿＿＿＿＿＿。　（蓝的 / 要 / 我）

② A: 这个是不是你的?

　 B: ＿＿＿＿＿＿＿＿＿＿＿＿＿。　（不是 / 这个 / 我的）

③ A: 有没有便宜点儿的?

　 B: ＿＿＿＿＿＿＿＿＿＿＿＿＿。　（最 / 这 / 是 / 便宜的）

④ A: 你喜欢吃辣的吗?

　 B: ＿＿＿＿＿＿＿＿＿＿＿＿＿。　（辣的 / 不能 / 我 / 吃）

该는 조동사로 동사 앞에서 '마땅히 ~해야 한다'는 표현을 할 때 쓰며, 부정형은 不该로 표현한다.

时间不早了，我们该走了。
Shíjiān bù zǎo le, wǒmen gāi zǒu le.

我该睡觉了。
Wǒ gāi shuìjiào le.

你不该做这件事。
Nǐ bù gāi zuò zhè jiàn shì.

我不该吃这个东西。
Wǒ bù gāi chī zhè ge dōngxi.

확인문제

❶ 다음 제시된 단어를 활용하여 문장을 만들어 보세요.

① 该 / 我们 / 了 / 回去

→ _____。 우리는 돌아가야 한다.

② 不来 / 要是 / 他 / 怎么办 / 该 / 我

→ _____? 만약 그가 오지 않으면 나는 어떻게 해?

③ 做 / 不该 / 我们 / 这件事

→ _____。 우리는 이 일을 해서는 안 된다.

④ 去 / 该 / 看 / 医生 / 你 / 了

→ _____。 너는 의사에게 가서 진찰을 받아야 한다.

4 又…又…

'～하기도 하고, ～하기도 하다'라는 뜻으로 두 가지 상황이나 상태가 동시에 존재함을 표현한다.

这本书很大。
Zhè běn shū hěn dà.

这本书很重。
Zhè běn shū hěn zhòng.

→

这本书又大又重。
Zhè běn shū yòu dà yòu zhòng.

他又高又帅。
Tā yòu gāo yòu shuài.

这件衣服又便宜又好看。
Zhè jiàn yīfu yòu piányi yòu hǎokàn.

这个菜又酸又甜。
Zhè ge cài yòu suān yòu tián.

我又困又饿。
Wǒ yòu kùn yòu è.

又 뒤에는 주로 형용사(구)나 동사(구)가 쓰이며, 이들 술어의 주어가 다를 경우 又 앞에 각각의 주어를 쓴다.

这件衣服质量又好，价钱又便宜。
Zhè jiàn yīfu zhìliàng yòu hǎo, jiàqian yòu piányi.

山又高，路又滑。
Shān yòu gāo, lù yòu huá.

확인문제

❶ 다음 제시된 단어를 활용하여 又…又… 형식의 문장을 완성하세요.

① 他的宿舍 / 大 / 干净　　→ _____。
gānjìng 깨끗하다

② 这件衣服 / 便宜 / 好看　　→ _____。

③ 这个苹果 / 大 / 甜　　→ _____。

④ 我的妹妹 / 漂亮 / 聪明　　→ _____。
cōngming 똑똑하다

▶ 11-06

①

A 要是明天有时间的话，来我家吃饭吧。
Yàoshi míngtiān yǒu shíjiān dehuà, lái wǒ jiā chī fàn ba.

B 太好了，谢谢你。
Tài hǎo le, xièxie nǐ.

我陪你去医院 wǒ péi nǐ qù yīyuàn 너를 데리고 병원에 가다

一起去买 yìqǐ qù mǎi 함께 가서 사다

我帮你做 wǒ bāng nǐ zuò 네가 하는 것을 돕다

②

A 辣炒年糕是我妈的拿手菜，慢慢儿吃吧。
Làchǎoniángāo shì wǒ mā de náshǒucài, mànmānr chī ba.

B 那我不客气了。
Nà wǒ bú kèqi le.

这 zhè 이것

拌饭 bànfàn 비빔밥

③

A 我送你回去吧。
Wǒ sòng nǐ huíqù ba.

B 你太客气了。
Nǐ tài kèqi le.

陪你去 péi nǐ qù 너를 데리고 가다

给你做菜 gěi nǐ zuòcài 너에게 요리를 해 주다

帮你拿 bāng nǐ ná 들어 주다

연습

1 녹음을 듣고 관련된 그림을 고르세요. ▶ 11-07

A  B  C D

① _____ ② _____ ③ _____ ④ _____

2 녹음을 듣고 질문에 알맞은 대답을 고르세요. ▶ 11-08

① A 一起去看电影　　B 一起唱歌　　C 一起吃饭

② A 今天　　B 明天　　C 后天

③ A 又酸又甜的　　B 又辣又甜的　　C 又辣又酸的

④ A 妈妈　　B 女的　　C 男的

3 다음 빈칸에 들어갈 수 있는 단어를 고르세요.

보기

A 该　　　B 要是　　　C 再　　　D 的　　　E 又

① 这个手表不是我 _____ 。

② _____ 明天你有时间的话，一起看电影吧。

③ 明天有英语考试，我 _____ 怎么办？

④ 这个菜又辣 _____ 甜。

4 다음 제시된 문장과 관련된 문장을 고르세요.

① 你觉得这个菜怎么样？

A 要是你爸爸不来，
你就给他打电话吧。

② 这儿有很多自行车，哪辆是你的？

liàng 대[자동차를 세는 양사]

B 又酸又甜，挺好吃的。

③ 爸爸不来我该怎么办？

C 红色的是我的。

④ 我送你回去吧。

D 你太客气了。

5 보기 의 회화를 참고하여 식사 초대와 관련된 대화를 연습해 보세요.

① 烤肉 kǎoròu   ② 大酱汤 dàjiàngtāng   ③ 拌饭 bànfàn   ④ 辣炒年糕 làchǎoniángāo
    불고기   된장국   비빔밥   떡볶이

보기

A: 要是明天有时间的话，来我家吃饭吧。

B: 太好了，谢谢你。

    ……

A: 你喜欢烤肉吗？这是我的拿手菜。

B: 我很喜欢烤肉，又甜又好吃。

A: 你慢慢儿吃吧。

B: 那我不客气了。

중국의 식사 에티켓

중국의 식사예절에서는 좌석배정이 중요합니다. 손님과 식사를 할 경우에 식당에 방을 예약해서(包房 bāofáng) 식사하는 경우가 많습니다. 일반적으로 입구를 마주보고 있는 테이블의 정중앙이 호스트(主人 zhǔrén) 자리이며, 호스트를 기준으로 게스트 중 가장 중요하거나 높은 직책의 사람(主宾 zhǔbīn)이 호스트의 오른쪽에 앉습니다. 게스트의 신분이 호스트보다 높을 경우 호스트 자리에 앉기를 청하기도 합니다. 음식 서빙이 잦은 문과 가까운 위치에는 식사접대를 진행하는 호스트 쪽의 대표가 앉으며 손님을 문 가까이 앉히는 것은 예의에 어긋납니다.

테이블에는 음식을 덜어먹는 개인접시(碟子 diézi)가 앞에 있습니다. 식사할 때에는 주로 젓가락(筷子 kuàizi)을 사용하고, 숟가락(勺子 sháozi)은 음식을 덜어 먹거나 탕 또는 죽을 먹을 때 사용합니다. 원형테이블 중앙의 회전판 위에 음식을 놓고 돌려가며 먹을 때 위생상 공용젓가락(公用筷 gōngyòngkuài)으로 음식을 덜어 먹습니다. 젓가락을 음식 위에 꽂아두는 행위는 예의에 어긋나며, 이쑤시개(牙签 yáqiān)는 입을 가리고 사용합니다.

음식이 나오는 순서

冷菜 lěngcài(찬 음식) ➡ 热菜 rècài(더운 음식), 汤 tāng(탕) ➡ 主食 zhǔshí(주식, 면 面条 miàntiáo 또는 밥 米饭 mǐfàn) ➡ 甜点 tiándiǎn(빵류의 달콤한 후식), 水果 shuǐguǒ(과일)

중국 상차림

12

复习 7~11 课

복습 7~11과

학습
목표

① 7 ~ 11과에서 배운 필수 단어와 회화 표현을 확인하고 복습한다.

① 은행 & 우체국

▶ 12-01

银行 yínháng 은행	换钱 huànqián 환전하다
元 yuán = 块 kuài 위안[중국의 화폐 단위]	人民币 Rénmínbì 인민폐[중국 화폐의 명칭]
韩币 Hánbì 원화	美元 Měiyuán 미국 달러
日元 Rìyuán 엔화	欧元 Ōuyuán 유로화
单子 dānzi 명세서, 표	签字 qiānzì 사인하다
取钱 qǔqián 돈을 인출하다	自动取款机 zìdòng qǔkuǎnjī 자동인출기
邮局 yóujú 우체국	寄 jì (우편으로) 부치다, 보내다
包裹 bāoguǒ 소포	公斤 gōngjīn 킬로그램(kg)
邮费 yóufèi 우편 요금	

② 양사

▶ 12-02

部 bù 편 [영화]	次 cì 차례, 번, 회[동작 발생 횟수]
片 piàn 알, 토막	趟 tàng 차례, 번[동작 왕복 횟수]
遍 biàn 번, 차례[처음부터 끝까지 완성한 횟수]	张 zhāng 장 [종이·침대 등 넓은 면을 가진 것을 셀 때 쓰임]
辆 liàng 대 [차량을 셀 때 쓰는 양사]	

③ 음식 & 맛

▶ 12-03

味道 wèidao 맛	酸 suān 시다
甜 tián 달다	苦 kǔ 쓰다
辣 là 맵다	咸 xián 짜다
拿手菜 náshǒucài 자신 있는 요리	炒 chǎo 볶다

④ 신체 부위　▶ 12-04

肚子 dùzi 배	手 shǒu 손
腿 tuǐ 다리	头 tóu 머리
眼睛 yǎnjing 눈	牙 yá 이, 치아
腰 yāo 허리	背 bèi 등

⑤ 동사 · 형용사　▶ 12-05

帮 bāng 돕다	开始 kāishǐ 시작하다
发烧 fāshāo 열이 나다	疼 téng 아프다
生病 shēngbìng 병이 나다, 병에 걸리다	陪 péi 동반하다, 모시다
错 cuò 틀리다	笑 xiào 웃다
爱 ài 사랑하다, 좋아하다	教 jiāo 가르치다
告诉 gàosu 알리다	知道 zhīdao 알다
接 jiē 마중하다, 맞이하다	等 děng 기다리다
订 dìng 예약하다	送 sòng 배웅하다, 보내다, 주다
厉害 lìhai 대단하다, 극심하다, 격렬하다	舒服 shūfu 편안하다
快乐 kuàilè 즐겁다, 유쾌하다	麻烦 máfan 번거롭다, 귀찮다
客气 kèqi 예의를 차리다	

① 환전하기

▶ 12-06

Ⓐ 您要换多少?
Nín yào huàn duōshao?

Ⓑ 一千美元，都换成韩币。
Yìqiān Měiyuán, dōu huànchéng Hánbì.

② 소포 보내기

▶ 12-07

Ⓐ 您寄到哪里?
Nín jìdào nǎlǐ?

Ⓑ 中国上海。
Zhōngguó Shànghǎi.

③ 진찰 받기

▶ 12-08

Ⓐ 你哪儿不舒服?
Nǐ nǎr bù shūfu?

Ⓑ 我肚子有点儿疼。
Wǒ dùzi yǒudiǎnr téng.

④ 문병하기

▶ 12-09

Ⓐ 怎么样? 好点儿了吗?
Zěnmeyàng? Hǎo diǎnr le ma?

Ⓑ 好多了。谢谢你的关心。
Hǎo duō le. Xièxiè nǐ de guānxīn.

⑤ 복용 방법 묻기

▶ 12-10

Ⓐ 这些药都怎么吃?
Zhèxiē yào dōu zěnme chī?

Ⓑ 每天吃三次，每次两片。
Měitiān chī sān cì, měi cì liǎng piàn.

⑥ 걱정하기

▶ 12-11

Ⓐ 你脸色不太好，还是多休息几天吧。
Nǐ liǎnsè bú tài hǎo, háishi duō xiūxi jǐ tiān ba.

Ⓑ 谢谢你的关心。
Xièxie nǐ de guānxīn.

⑦ 부탁하기

▶ 12-12

Ⓐ 你能不能帮我看一下？
Nǐ néng bu néng bāng wǒ kàn yíxià?

Ⓑ 没问题！
Méi wèntí!

⑧ 제안하기

▶ 12-13

Ⓐ 我教你汉语吧！
Wǒ jiāo nǐ Hànyǔ ba!

Ⓑ 太好了！
Tài hǎo le!

⑨ 칭찬하기

▶ 12-14

Ⓐ 他说汉语说得挺好的。
Tā shuō Hànyǔ shuō de tǐng hǎo de.

Ⓑ 对啊！
Duì a!

⑩ 예매 확인하기

▶ 12-15

Ⓐ 机票订好了吗？
Jīpiào dìnghǎo le ma?

Ⓑ 我准备这周末订。
Wǒ zhǔnbèi zhè zhōumò dìng.

⑪ 비행기표 예매하기　▶ 12-16

Ⓐ 你好！我想订一张二十八号仁川到上海的机票。
Nǐ hǎo! Wǒ xiǎng dìng yì zhāng èrshíbā hào Rénchuān dào Shànghǎi de jīpiào.

Ⓑ 请稍等。
Qǐng shāo děng.

⑫ 마중 나가기　▶ 12-17

Ⓐ 我去机场接你吧。
Wǒ qù jīchǎng jiē nǐ ba.

Ⓑ 不用了，我打车就行了。
Bú yòng le, wǒ dǎchē jiù xíng le.

⑬ 초대하기　▶ 12-18

Ⓐ 要是明天有时间的话，来我家吃饭吧。
Yàoshi míngtiān yǒu shíjiān dehuà, lái wǒ jiā chī fàn ba.

Ⓑ 太好了，谢谢你。
Tài hǎo le, xièxie nǐ.

⑭ 음식 대접하기　▶ 12-19

Ⓐ 这辣炒年糕是我妈的拿手菜，慢慢儿吃吧。
Zhè làchǎoniángāo shì wǒ mā de náshǒucài, mànmānr chī ba.

Ⓑ 那我不客气了。
Nà wǒ bú kèqi le.

⑮ 배웅하기　▶ 12-20

Ⓐ 我送你回去吧。
Wǒ sòng nǐ huíqù ba.

Ⓑ 你太客气了。
Nǐ tài kèqi le.

1 다음 빈칸에 알맞은 단어를 써서 퍼즐을 완성하세요.

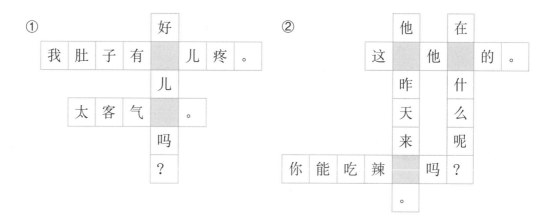

①

				好			
我	肚	子	有		儿	疼	。
				儿			
	太	客	气		。		
				吗			
				?			

②

		他		在	
这		他		的	。
		昨		什	
		天		么	
		来		呢	
你	能	吃	辣	吗	?
				。	

2 다음 문장을 읽고, 색으로 표시된 우리말 단어를 중국어로 바꾸어 보세요. 스토리를 연상하며 단어를 익혀 보세요.

> 어제 징징이랑 노래방에 갔었다. 우와~ 징징이는 노래를 정말 잘 한다. 나는 잘 웃는 그녀가 좋다.
> 그런데…… 징징이가 이제 귀국한다고 한다. 이제 작문 숙제는 누가 도와주지……
>
> 엄마께 말씀 드리고 징징이를 집에 초대해야겠다. 징징이가 뭘 좋아하더라…… 그래! 떡볶이.
> 떡볶이는 울 엄마가 가장 잘하시는 음식!

3 게임해 보세요.

게임방법
- 배운 단어를 적어 넣고 중국어로 말합니다. (필수 단어 참조)
- 불려진 단어를 하나씩 체크하여 먼저 세 줄을 연결하면 "빙고"를 외칩니다.

1 다음 사진과 제시된 단어를 보고 대화를 만들어 보세요.

① 소포 부치기

제시어

寄到
北京
里面
衣服

첫 문장

A 我要寄包裹。

② 진찰 받기

제시어

肚子
疼
发烧
开药

첫 문장

A 你哪儿不舒服？

③ 표 예약하기

제시어

请稍等
往返票
英文名字
护照号码

첫 문장

A 我想订二十八号仁川到上海的机票。

④ 초대하기

제시어

喜欢
麻辣烫
拿手菜
不客气

첫 문장

A 你能吃辣的吗？

스마트 중국어

부록

최신
개정

STEP

2

· 정답 및 듣기 대본
· 본문 해석
· 단어 색인

01 你在做什么呢?

확인문제

p20

❶ ① 我在喝牛奶。　② 我们正在上课。
　③ 他睡觉呢。　　④ 她没在看电视。
❷ ① 他在打电话。　② 他在学习。
　③ 她在吃饭。　　④ 她在看电视。

p21

❶ ① 你累不累?
　② 他有没有时间?
　③ 他要不要这个?
　④ 明天我们去不去学校?
❷ ① 他有没有弟弟?
　② 这是不是汉语书?
　③ 你去不去王老师家?
　④ 你买不买这本书?

p22

❶ ① 爸爸可能不在公司。
　② 我可能没有时间去你家。
　③ 他可能明年回国。
　④ 明天可能下雨。
❷ ① 可能　　② 不可能
　③ 可能　　④ 不可能

연습

p24

❶ ① C　　② A　　③ B　　④ D

| 녹음 | ① 喂，明明在吗?
　② 我在看书呢。
　③ 听说下周六是明明的生日。
　④ 我正睡觉呢。

❷ ① A　　② B　　③ A　　④ B

| 녹음 | ① 男: 你在干什么呢?
　女: 我在运动呢。
　问: 女的在做什么?
② 女: 下周五我们一起吃饭吧。
　男: 下周五没有时间，下周六有时间。
　问: 男的什么时候有时间?
③ 男: 听说下周五有汉语考试。
　女: 那我们一起学习吧。
　问: 他们打算做什么?
④ 女: 明天有时间吗?
　男: 可能没有。
　问: 男的明天有时间吗?

❸ ① D　　② C　　③ B　　④ A

❹ ① C　　② B　　③ A　　④ D

02 今天天气怎么样?

확인문제

p34

❶ ① → 他比我大。
　② → 这个比那个贵。
❷ ① 哥哥比弟弟(更)高。/
　　弟弟比哥哥矮[ǎi, 키가 작다]。
　② 词典比笔(更)贵。/ 笔比词典便宜。
　③ 西瓜比苹果便宜。/ 苹果比西瓜贵。
　④ 昨天比今天暖和。/ 今天比昨天冷。

p35

❶ ① 我饿了。　　② 天气暖和了。
　③ 秋天了。　　④ 天阴了。

p36

❶ ① 别玩电脑了。　② 别给他买衣服。
　③ 别出去玩了。　④ 别喝酒了。
❷ ① C　　② A　　③ B　　④ D

연습

p38

❶ ① B   ② D   ③ A   ④ C

| 녹음 | ① 天冷了，要多穿点儿衣服。
② 下雨了，别出去玩了。
③ 他比我更高。
④ 西瓜比苹果更大。 |

❷ ① C   ② B   ③ B   ④ A

| 녹음 | ① 男：我喜欢春天，你呢？
     女：我喜欢冬天。
     问：男的喜欢什么季节？
② 女：天气预报说，今天晚上下雨。
     男：你别去跑步了。
     问：今天晚上天气怎么样？
③ 男：今天很冷。
     女：对，今天比昨天更冷。
     问：今天比昨天怎么样？
④ 女：你在家做什么？
     男：看看书、听听音乐。
     问：男的在家做什么？ |

❸ ① ×   ② ✓   ③ ✓   ④ ✓

❹ ① C   ② D   ③ B   ④ A

03 地铁站怎么走？

확인문제

p47

❶ ① C   ② B   ③ A   ④ E

p49

❶ ① D   ② B   ③ C   ④ A
❷ ① 学校离这儿不远。
     ② 往北走一百米就行。

p50

❶ ① 在   ② 有   ③ 有   ④ 在
❷ ①, ④

연습

p52

❶ ① B   ② C   ③ D   ④ A

| 녹음 | ① 地铁站就在前边(儿)。
② 前边(儿)有商店，饭店就在商店旁边(儿)。
③ 猫旁边(儿)有一只狗。
④ 在前边(儿)的十字路口往右拐。 |

❷ ① D   ② A   ③ B   ④ C

| 녹음 | ① 男：图书馆怎么走？
     女：图书馆就在学校旁边(儿)。
     问：图书馆在哪儿？
② 女：金民，我在首尔站，
         从这儿怎么走？
     男：再往前走，前边(儿)有个商店，
         饭店就在商店后边(儿)。
     问：饭店在哪儿？
③ 男：火车站在学校旁边(儿)吗？
     女：不是，火车站在饭店对面(儿)。
     问：火车站在哪儿？
④ 女：火车站前边(儿)有地铁站吗？
     男：没有，地铁站在火车站旁边(儿)。
     问：地铁站在哪儿？ |

❸ ① B   ② A   ③ D   ④ E

❹ ① B   ② D   ③ A   ④ C

04 周末你做什么了?

p62

❶ ① 我没(有)看电视。
② 他没(有)去北京。
③ 我没(有)买汉语书。
④ 他没(有)吃很多菜。
❷ ① 他没(有)去学校。
② 昨天我没(有)见朋友。
③ 他常常去他家玩。
④ 我没(有)给你打电话。

p63

❶ ① 我睡了四个小时。
② 他等了半个小时。
❷ ① 我看了一个小时。
② 我每天睡八小时。

p64

❶ ①, ③
❷ ① C ② A ③ B ④ D

p66

❶ ① B ② D ③ C ④ A

┌─────────────────────────────┐
| |녹음| ① 周末我见朋友了。
| ② 我买了很多书。
| ③ 我每晚都运动一个小时。
| ④ 我买了一个好大的西瓜。
└─────────────────────────────┘

❷ ① B ② A ③ C ④ A

┌─────────────────────────────┐
| |녹음| ① 男：周末你做什么了?
| 女：我跟朋友逛街了。
| 问：女的周末做什么了?
| ② 女：民秀，你的女朋友也来了吗?
| 男：没有。她去旅行了。
| 问：民秀的女朋友去哪儿了?
| ③ 男：你睡了几个小时?
| 女：只睡了四个小时。
| 问：女的睡了几个小时?
| ④ 女：已经九点了,
| 明明怎么还没来?
| 男：他说十分钟就到。
| 问：明明几点到?
└─────────────────────────────┘

❸ ① C ② B ③ D ④ E

❹ ① B ② D ③ A ④ C

05 你的爱好是什么?

p75

❶ ① 我对音乐没有兴趣。
② 他对我不好。
③ 游泳对身体很好。
④ 我对他说了你的事情。
❷ ① 我对妈妈说了这件事。
② 妈妈对我笑了。
③ 运动对身体好不好?

p76

❶ ① 可以 ② 不可以
③ 可以 ④ 不可以

p78

❶ ① 她游泳游得不快。
她游泳游得快不快?
② 他唱歌唱得不好。
他唱歌唱得好不好?

❷ ① 我妹妹(跳)舞跳得非常好。
　② 他(打)篮球打得不怎么样。
　③ 我(说)汉语说得很好。
　④ 张老师(做)菜做得很好吃。

연습

p80

❶ ① C 　　② D 　　③ A 　　④ B

> [듣기] ① 我可以游泳。
> ② 你唱歌唱得真好!
> ③ 运动对身体非常好。
> ④ 你们两个汉语说得很好。

❷ ① A 　　② A 　　③ C 　　④ A

> [듣기] ① 男：今天你做菜做得很好吃。
> 　女：那多吃点儿吧。
> 　问：女的做什么了?
> ② 女：听说京京歌唱得很好。
> 　男：哪儿啊，她唱得不怎么样。
> 　问：京京唱歌唱得怎么样?
> ③ 男：晚上吃韩国菜吧，可以吗?
> 　女：不行，我想吃中国菜。
> 　问：女的想吃什么菜?
> ④ 男：我们每天一起运动吧，
> 　　运动对身体很好。
> 　女：好的。
> 　问：他们打算做什么?

❸ ① C 　　② B 　　③ D 　　④ A

❹ ① × 　　② ✓ 　　③ × 　　④ ✓

---

06 复习 1~5 课

단어 익히기

p89

❶ ①

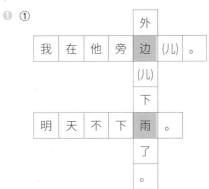

②

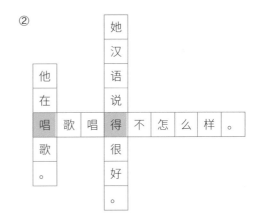

❷ 没来 / 三十分钟 / 冷 / 地铁站 / 往前走 /
往左拐 / 旁边(儿)

회화 익히기

p90

❶ ① A : 请问，地铁站怎么走?
　　B : 一直往前走。
　　A : 离这儿远吗?
　　B : 不太远。

　② A : 你在做什么?
　　B : 我在运动呢。

173

③ A : 周末你做什么了?
  B : 我朋友来首尔了,
      我们一起去看了电影。

④ A : 你的爱好是什么?
  B : 我喜欢听音乐。
  A : 你喜欢听谁的歌?
  B : 我喜欢听周杰伦的歌。

07 银行就要关门了。

확인문제

p98

❶ ① 我们走到地铁站吧。
  ② 西瓜都卖光了。
  ③ 你的书放在桌子上了。
  ④ 狗变成猫了。
❷ ① D   ② B   ③ A   ④ C

p99

❶ ① 因为下雨,所以不能去跑步。
  ② 因为我喜欢中国,所以学汉语。
  ③ 因为天气很冷,所以要多穿点儿衣服。
  ④ 因为最近很忙,所以没有时间休息。

p100

❶ ① 他要去旅行了。
  ② 他们就要吃饭了。
  ③ 西瓜快卖光了。
  ④ 食堂要关门了。
❷ ① (就/快)要上课了。
  ② (就/快)到北京了。
  ③ 他(就/快)要来了。
  ④ 春天(就/快)要到了。

연습

p102

❶ ① B   ② D   ③ A   ④ C

| 녹음 | ① 因为昨天买了很多书,
      所以钱都花光了。
      ② 我要换钱。
      ③ 您寄到哪里?
      ④ 学生食堂就要关门了,
      我们在外边吃吧。

❷ ① B   ② C   ③ B   ④ A

| 녹음 | ① 男: 你要换多少?
      女: 一千块人民币。
      问: 他们现在在哪儿?
      ② 女: 附近有没有中国餐厅?
      男: 有啊! 学校旁边(儿)就有。
      问: 女的想去什么地方?
      ③ 男: 我要取钱。
      女: 银行就要关门了。
      问: 男的要做什么?
      ④ 女: 我要寄包裹。
      男: 请您放在这儿吧。
      您寄到哪里?
      问: 他们在什么地方?

❸ ① B   ② D   ③ A   ④ E

❹ ① C   ② A   ③ D   ④ B

08 你哪儿不舒服?

확인문제

p111

❶ ① 一点儿   ② 有点儿
  ③ 有点儿   ④ 一点儿
❷ ① 这本书有点儿难。
  ② 我想买一点儿苹果。

③ 我有点儿头疼。
④ 这个比那个便宜点儿。

p113
❶ ① C　　② B　　③ A　　④ D
❷ ① 他吃过一次日本菜。
　 ② 我见过他两次。
　 ③ 这部电影我看了三次。
　 ④ 我要去一趟市场。

p114
❶ ②, ③
❷ ① B　　② A　　③ D　　④ C

연습

p116
❶ ① B　　② A　　③ D　　④ C

| 녹음 | ① 我给你开点儿药吧。
② 这家商店的衣服有点儿贵。
③ 你还是看这本书吧。
④ 我吃过一次中国菜。

❷ ① C　　② B　　③ A　　④ C

| 녹음 | ① 男：我吃药了，肚子还是很疼。
女：我陪你去医院吧。
问：男的哪儿不舒服？
② 女：医生，这些药怎么吃？
男：每天吃两次，每次两片。
问：她每天吃几次药？
③ 男：你吃过中国菜吗？
女：我吃过一次。
男：今天我给你做中国菜，怎么样？
女：太好了！
问：女的吃过几次中国菜？
④ 男：这件衣服多少钱？
女：三万。
男：有点儿贵，
　　有没有便宜一点的？
女：没有。
问：男的觉得这件衣服怎么样？

❸ ① B　　② D　　③ A　　④ C

❹ ① ✓　　② ×　　③ ×　　④ ×

09　你发到我的邮箱里吧。

확인문제

p125
❶ ① 我问老师一个问题。
　 ② 我给他汉语词典。
　 ③ 我们送他礼物吧。
　 ④ 王老师教我们英语。

p126
❶ ① 我听着音乐看书。
　 ② 他拿着一本书跑。
　 ③ 哥哥在床上坐着。
　 ④ 他穿着白色的衣服。
❷ ① 他看着电视。
　 ② 门开着。
　 ③ 他在椅子上坐着。
　 ④ 她听着音乐跑步。

p128
❶ ① B　　② A　　③ C　　④ D
❷ ① 我收到你的邮件了。
　 ② 他写完作业了。
　 ③ 我说错了。
　 ④ 我买到了那本词典。／
　　 那本词典我买到了。

연습

p130
❶ ① B　　② A　　③ D　　④ C

| 녹음 | ① 我在给朋友发邮件。
② 她教我英语，教得很好。
③ 我已经收到你的礼物了。
④ 我喜欢听着音乐跑步。

② ① C　　　② A　　　③ B　　　④ A

> |녹음| ① 男：那本汉语书你买到了吗?
> 　　　　女：我还没买到。
> 　　　　问：女的要买什么?
> 　　　② 女：我们一起去游泳吧!
> 　　　　男：我不想出去。
> 　　　　　　我想在家听着音乐看书。
> 　　　　问：女的想做什么?
> 　　　③ 男：昨天买了一本书。
> 　　　　女：好看吗?
> 　　　　男：很好看，也可以学习汉语呢。
> 　　　　女：告诉我书的名字，我也想看。
> 　　　　问：男的昨天买的是什么?
> 　　　④ 男：你在做什么?
> 　　　　女：我在找我的词典。
> 　　　　男：你看，词典在那儿。
> 　　　　女：哇，找到了。谢谢!
> 　　　　问：女的在找什么?

❸ ① A　　　② D　　　③ C　　　④ E

❹ ① C　　　② A　　　③ D　　　④ B

10 我准备这周末订机票。

확인문제

p140

❶ ① B　　　② C　　　③ A　　　④ B
❷ ① C　　　② A　　　③ B　　　④ D

p141

❶ ①，④
❷ ① 你的衣服我已经洗好了。
　　② 我看好了这本书。
　　③ 他的自行车我修好了。
　　④ 午饭还没做好。

p142

❶ ① 你会说英语吗?

② 他们不会欢迎你的。
③ 他会来的。
④ 你会做这个菜吗?

연습

p144

❶ ① B　　　② A　　　③ D　　　④ C

> |녹음| ① 我是昨天订的机票。
> 　　　② 我们打车去吧。
> 　　　③ 饭还没做好。
> 　　　④ 他不会喜欢这件衣服的。

❷ ① C　　　② A　　　③ B　　　④ B

> |녹음| ① 男：我是去年来中国的。
> 　　　　　　你是什么时候来的?
> 　　　　女：今年来的。
> 　　　　问：男的是什么时候来中国的?
> 　　　② 女：电影票都订好了吗?
> 　　　　男：我准备明天订。
> 　　　　问：男的打算什么时候订电影票?
> 　　　③ 女：这是我昨天买的裙子。
> 　　　　男：在哪儿买的?
> 　　　　女：在学校附近的商店买的。
> 　　　　男：颜色很好看。
> 　　　　问：女的在哪儿买的裙子?
> 　　　④ 男：你什么时候回国?
> 　　　　女：二十八号回国。
> 　　　　男：我陪你去机场吧。
> 　　　　女：不用了，我打车就行了。
> 　　　　问：女的打算怎么去机场?

❸ ① C　　　② D　　　③ B　　　④ A

❹ ① √　　　② √　　　③ ×　　　④ ×

11 来我家吃饭吧。

확인문제

p153

❶ ① 要是他不去，我也不去。
② 要是他问我，我不能回答。
③ 要是你坐船去，要十八个小时。
④ 要是你看到他，告诉他给我打电话。

p154

❶ ②, ④
❷ ① 我要蓝的。
② 这个不是我的。
③ 这是最便宜的。
④ 我不能吃辣的。

p155

❶ ① 我们该回去了。
② 要是他不来，我该怎么办？
③ 我们不该做这件事。
④ 你该去看医生了。

p156

❶ ① 他的宿舍又大又干净。
② 这件衣服又便宜又好看。
③ 这个苹果又大又甜。
④ 我的妹妹又漂亮又聪明。

연습

p158

❶ ① B ② A ③ D ④ C

| 녹음 | ① 行李还没收拾好。
② 要是我有女朋友就好了。
③ 他非常喜欢吃辣的。
④ 这条裙子又便宜又好看。

❷ ① C ② B ③ A ④ C

| 녹음 | ① 男：京京明天就走了，
今天晚上跟她一起吃饭吧。
女：好的。那七点在学校门口见。
问：他们打算做什么？
② 女：要是你有时间，
帮我写作业吧。
男：今天我要见朋友，
明天帮你可以吗？
问：男的什么时候有时间？
③ 男：你能吃辣的吗？
女：我很喜欢吃辣的。你呢？
男：我不喜欢吃辣的，
我喜欢吃又酸又甜的。
女：那我们去吃糖醋肉吧。
问：男的喜欢吃什么菜？
④ 女：今天吃得很好。
你做的糖醋肉真好吃。
男：那是我的拿手菜。
女：时间不早了，我该回去了。
男：我送你回家吧。
问：今天是谁做的菜？

❸ ① D ② B ③ A ④ E

❹ ① B ② C ③ A ④ D

12 复习 7~11 课

단어 익히기

p167

① ①

②

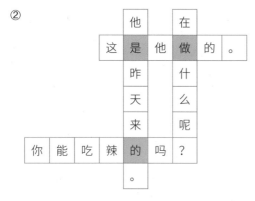

② 爱笑 / 喜欢 / 回国 / 作文 / 帮 / 辣炒年糕 /
拿手菜

회화 익히기

p168

① ① A： 我要寄包裹。
　　 B： 请放在这里吧，您寄到哪里?
　　 A： 中国北京。
　　 B： 包裹里面是什么?
　　 A： 包裹里面有衣服。

　② A： 你哪儿不舒服?
　　 B： 我肚子疼得厉害，有点儿发烧。

A： 我给你开点儿药。按时吃药就行了。

③ A： 我想订二十八号仁川到上海的机票。
　 B： 请稍等。二十八号上午十点，可以吗?
　 A： 可以，我要往返票。
　 B： 请告诉我您的英文名字和护照号码。

④ A： 你能吃辣的吗?
　 B： 我喜欢吃辣的。
　 A： 这麻辣烫是我的拿手菜，
　　　慢慢儿吃吧。
　 B： 那就不客气了。

본문 해석

01 你在做什么呢?

#1 p16

장 징 여보세요, 안녕하세요! 밍밍이 있나요?

밍밍의 룸메이트 없는데요, 무슨 일로 찾으세요?

장 징 별일 아니에요. 밍밍이한테 장징이 전화했었다고 전해 주세요.

밍밍의 룸메이트 네.

#2 p17

장 징 민수야, 너 지금 뭐 하고 있니?

박민수 나 운동하고 있어.

장 징 다음 주 토요일이 밍밍이 생일이래.

박민수 그럼 우리 몇 명 모이자.

#3 p18

장 징 밍밍아, 지금 뭐 해?

리 밍 어, 나 마침 너한테 전화하려고 했어.

장 징 다음 주 토요일에 시간 있니? 같이 밥 먹자.

리 밍 아마도 시간이 없을 것 같아.
　　　다음 주 금요일 저녁은 어때?

장 징 그래, 너한테 다시 연락할게.

02 今天天气怎么样?

#1 p30

김 민 오늘은 날씨가 어때?

리 밍 아주 좋아. 오늘은 어제보다 따뜻해.

김 민 일기예보에서 내일은 오늘보다 춥대.

리 밍 내일은 외출할 때 옷을 좀 많이 입어.

#2 p31

박민수 징징아, 너는 어느 계절을 좋아하니?

장 징 난 봄을 좋아해. 봄은 춥지도 않고 덥지도 않잖아.

박민수 서울은 봄에 아주 건조해. 베이징은 어때?

장 징 베이징은 봄에 서울보다 더 건조해.

#3 p32

장 징 김 민, 나 조깅하러 갈게.

김 민 봐 봐! 밖에 비 와.

장 징 이런! 어떡하지?

김 민 조깅하러 가지 말고, 집에서 책이나 좀 봐.

03 地铁站怎么走?

#1 p44

장 징 말씀 좀 여쭤 볼게요, 지하철역은 어떻게 가죠?

행 인 길 건너서, 곧장 직진하시면 돼요.

장 징 여기에서 먼가요?

행 인 멀지 않아요, 바로 앞에 있어요.

#2 p45

장 징 설산호텔에 가려면 어디에서 내리나요?

행 인 서울역에서 내리면 돼요.

장 징 얼마나 더 걸리나요?

행 인 10분이면 도착해요.

#3 p46

장 징 김민, 나 지금 서울역인데, 여기에서 어떻게 가?

김 민 앞에 있는 사거리에서 우회전해.

장 징 그 다음엔?

김 민 앞으로 10미터 더 가면 상점이 하나 있는데,
설산호텔은 상점 바로 옆에 있어.

04 周末你做什么了?

#1 p58

박민수 주말에 뭐 했어?

장 징 우리 엄마가 서울에 오셔서 함께 쇼핑하러 갔어.

박민수 어머니께서는 아직 서울에 계시니?

장 징 이미 상하이로 돌아가셨어.

#2 p59

장 징 너 요즘 안색이 별로 좋지 않은데, 괜찮니?

박민수 이번 학기에 수업이 좀 많아서,
매일 숙제 하느라 피곤해 죽겠어.

장 징 어젯밤에는 몇 시간 잤어?

박민수 3시간밖에 못 잤어. 주말에는 집에서 푹 쉬려고.

#3 p60

박민수 저녁에는 보통 뭘 해?

장 징 매일 저녁에 1시간 운동하고, 기숙사에 가. 너는?

박민수 요즘 중국어 수업을 듣고 있어서,
매일 저녁 1시간씩 복습해.

장 징 우와, 정말 열심히 하는구나!

05 你的爱好是什么?

#1 p72

박민수 넌 취미가 뭐야?

장 징 내 취미는 수영이야.

박민수 너는 왜 수영을 좋아하니?

장 징 수영을 하면 건강에도 좋고,
다이어트도 할 수 있잖아.

#2 p73

김 민 어제 저녁에 나 징징이랑 노래방에 갔어.

박민수 징징이 노래 잘해?

김 민 아주 잘해. 넌 어때?

박민수 난 잘 못 불러.

#3 p74

장 징 너 중국어 정말 잘 한다.

박민수 뭘, 아직 멀었어.

장 징 비결 있지?

박민수 별다른 건 없고, 매주 중국 영화 한 편을 봐.

장 징 어떤 영화를 가장 좋아해?

박민수 주걸륜의 〈말할 수 없는 비밀〉, 정말 재미있더라.

07 银行就要关门了。

#1 p94

리 밍 환전하려고 하는데요, 인민폐 1위안은 원화로 얼
마인가요?

은행 직원 1:189인데요, 얼마나 환전하시겠어요?

리 밍 인민폐 1000위안을 모두 원화로 환전해 주세요.

은행 직원 명세서를 작성해 주시고, 아래에 사인하세요.

#2 p95

장 징 이 근처에 은행 있니? 돈을 찾고 싶은데.

김 민 너 어제 돈 찾지 않았어?

장 징 어제 책을 많이 사서 돈을 다 썼어.

김 민 은행은 곧 문 닫아, 학생식당에 자동인출기가 있어.

#3 p96

장 징 소포를 부치려고 하는데요.

우체국 직원 여기에 놓으세요. 어디로 부치실 거예요?

장 징 중국 상하이요.

우체국 직원 소포 안에 있는 것은 무엇인가요?

장 징 안에 전자사전, 책, DVD가 있어요.

우체국 직원 총 2kg이고요, 우편 요금은 3만원입니다.

08 你哪儿不舒服?

#1 p108

> 장 선생님께 :
> 몸이 좀 안 좋아서, 수업에 갈 수 없어 하루 결석합
> 니다.
> 학생 장징

박민수 너 아팠다고 하던데, 지금은 어때?

장 징 배가 여전히 아파.

박민수 내가 병원에 데려다줄게.

#2 p109

의 사 어디가 편찮으세요?

장 징 배가 심하게 아프고, 열이 좀 나요.

의 사 좀 봅시다. ……약을 처방해 드릴게요.
시간 맞춰서 약을 드시면 됩니다.

박민수 의사 선생님, 이 약들은 어떻게 먹나요?

의 사 매일 세 번, 두 알씩 드세요.

#3 p110

김 민 어때? 좀 좋아졌어?

장 징 많이 좋아졌어. 생각해 줘서 고마워.

김 민 안색이 여전히 별로 좋지 않은데,
역시 며칠 더 쉬는 게 낫겠다.

장 징 다음 주에 기말고사 시작인데, 좀 걱정돼.

김 민 걱정하지 마, 내가 복습하는 거 도와 줄게.

장 징 고마워, 너도 건강 조심해.

09 你发到我的邮箱里吧。

#1 p122

박민수 징징아, 나 중국어로 작문했어. 좀 봐 줄 수 있어?

장 징 물론이지! 이메일로 보내 줘.

박민수 나 아직 네 메일 주소를 모르는데.

장 징 지금 메일 주소를 알려 줄게.

#2 p123

징징이에게:

내가 쓴 작문 너한테 보냈어, 좀 읽어 봐 줘.

날씨가 쌀쌀해졌다, 감기 조심해!

민수

> 첨부 파일:
> 나는 중국 친구가 있는데, 그녀는 나에게 중국어를
> 가르쳐 준다.
> 그녀는 잘 웃고, 말하는 것도 좋아하며, 음악 들으
> 면서 책 보는 것을 좋아한다.
> 나는 그녀와 함께 있으면 즐겁다.

본문 해석

#3 p124

민수에게:

네 메일 받았고, 작문도 다 읽어 봤어.

아주 잘 썼고, 틀린 곳은 없어.

계속 열심히 해!

징징

10 我准备这周末订机票。

#1 p136

박민수   징징아, 너 언제 한국에 왔어?

장 징   작년에 한국에 왔어.

박민수   이번 학기 끝나고 귀국하지? 비행기표는 예약했어?

장 징   아직 안 했어. 이번 주말에 예약하려고.

#2 p137

매표원   안녕하세요! 동방항공입니다.

장 징   안녕하세요! 28일 인천에서 상하이 가는 비행기표 한 장 예약하려고 하는데요.

매표원   잠시만 기다리세요. 28일 오전 10시 50분 괜찮으세요?

장 징   네, 왕복표로 주세요.

매표원   네, 영문 이름과 여권 번호를 알려 주세요.

#3 p138

장 징   여보세요, 엄마! 저 벌써 비행기표 예매했어요.

엄 마   언제 예약했어?

장 징   어제 예약했어요. 28일 10시 50분 비행기예요.

엄 마   그래, 내가 공항으로 마중 나갈게.

장 징   괜찮아요. 택시 타면 돼요.

엄 마   그건 안 되지. 엄마가 마중 나갈 테니 그때 다시 연락하자!

11 来我家吃饭吧。

#1 p150

박민수   모레면 가는데, 짐은 다 정리했어?

장 징   다 정리했어.

박민수   내일 시간 있으면 우리 집에서 밥 먹자.

장 징   잘됐다, 고마워.

#2 p151

장 징   와, 아주머니께서 맛있는 음식을 이렇게나 많이 하셨네!

박민수   매운 음식 먹을 수 있어?

장 징   난 매운 음식 정말 좋아해. 떡볶이를 자주 먹는걸.

박민수   이 떡볶이는 우리 엄마가 잘하시는 음식이야. 천천히 먹어.

장 징   그럼 사양하지 않을게.

#3 p152

장 징   늦었다. 나 가야겠어.

박민수   조금만 더 있다가 가지. 오늘 잘 먹었어?

장 징   응, 잘 먹었어. 한국 음식은 매콤하고 맛있어.

박민수   다음에 또 한국에 와.

장 징   꼭 다시 올 거야. 잘 있어!

박민수   내가 데려다줄게.

장 징   괜찮아. 데려다줄 필요 없어.

高 gāo	형 (키가) 크다	33(2과)
告诉 gàosu	동 알리다	120(9과)
歌 gē	명 노래	70(5과)
胳膊 gēbo	명 팔	117(8과)
跟 gēn	개 ~에게, ~와	14(1과)
更 gèng	부 더, 더욱	28(2과)
公交车 gōngjiāochē	명 버스	140(10과)
公斤 gōngjīn	양 킬로그램(kg)	92(7과)
拐 guǎi	동 방향을 바꾸다, 돌아가다	42(3과)
关门 guānmén	동 문을 닫다	92(7과)
关心 guānxīn	동 관심을 갖다	106(8과)
广州 Guǎngzhōu	고유 광저우	145(10과)
逛街 guàngjiē	동 거리를 거닐다, 쇼핑하다	56(4과)
过 guò	동 건너다, 지나가다	42(3과)

H

还是 háishi	부 여전히, 아직도	106(8과)
韩币 hánbì	명 원화	92(7과)
韩国 Hánguó	고유 한국 [국가명]	134(10과)
汉语 Hànyǔ	명 한어, 중국어	56(4과)
好好儿 hǎohāor	부 잘	56(4과)
好看 hǎokàn	형 재미있다, 예쁘다	70(5과)
喝 hē	동 마시다	36(2과)
后 hòu	명 뒤, 후, 다음	134(10과)
后边(儿) hòubian(r)	명 뒤, 뒤쪽	46(3과)
护照 hùzhào	명 여권	134(10과)
花光 huāguāng	동 전부 써버리다	92(7과)
滑 huá	형 미끄럽다	156(11과)
画画儿 huà huàr	동 그림을 그리다	79(5과)
坏 huài	동 망가지다	114(8과)
欢迎 huānyíng	동 환영하다	142, 148(10과, 11과)

换 huàn	동 바꾸다	92(7과)
换成 huànchéng	동 ~로 바꾸다	92(7과)
换钱 huànqián	동 환전하다	92(7과)
回 huí	동 돌아오다, 돌아가다	56(4과)
回答 huídá	동 대답하다	153(11과)
回国 huíguó	동 귀국하다	22, 134(1과, 10과)
回来 huílái	동 돌아오다	136(10과)
回去 huíqù	동 돌아가다	148(11과)
会 huì	조동 ~할 것이다 [가능이나 실현을 나타냄]	134(10과)
火车票 huǒchēpiào	명 기차표	137(10과)
火车站 huǒchēzhàn	명 기차역	49(3과)

J

机场 jīchǎng	명 공항	108, 134(8과, 10과)
机场大巴 jīchǎng dàbā	명 공항버스	143(10과)
机票 jīpiào	명 비행기표	134(10과)
寄 jì	동 (우편으로) 부치다, 보내다	92(7과)
寄到 jìdào	동 ~로 부치다	92(7과)
继续 jìxù	동 계속하다	120(9과)
季节 jìjié	명 계절	28(2과)
家 jiā	양 집·가게 등을 세는 단위	114(8과)
加油 jiāyóu	파이팅!, 격려하다	120(9과)
价钱 jiàqian	명 가격	156(11과)
肩膀 jiānbǎng	명 어깨	117(8과)
减肥 jiǎnféi	동 다이어트 하다	60, 70(4과, 5과)
教 jiāo	동 가르치다	120(9과)
接 jiē	동 마중하다, 맞이하다	134(10과)
结婚 jiéhūn	동 결혼하다	136(10과)
结束 jiéshù	동 마치다	134(10과)

W

X

Y

Z

MEMO

중국어뱅크

중국어, 똑똑하게 배우자!

스마트 중국어

워크북

STEP
2

최신
개정

동양북스

중국어, 똑똑하게 배우자!

스마트 중국어

워크북

STEP **2**

최신 개정

동양북스

转 转 转 转 转 转 转 转

转

转

转告　　转告
zhuǎngào 전하다　zhuǎngào

zhuǎn 전하다

运 运 运 运 运 运 运

运

运

运行　　运行
yùnxíng 운행하다　yùnxíng

yùn 돌다, 운동하다

动 动 动 动 动 动

动

动

运动　　运动
yùndòng 운동하다　yùndòng

dòng 움직이다

听 听 听 听 听 听 听

听

听

听力　　听力
tīnglì 듣기, 청력　tīnglì

tīng 듣다

说 说 说 说 说 说 说 说 说

说

说

听说　　听说
tīngshuō 듣자니 ~라 한다　tīngshuō

shuō 말하다

聚聚聚聚聚聚聚聚聚聚聚聚聚聚				
聚 jù 모이다	聚			
	聚会 jùhuì 모임, 집회	聚会 jùhuì		

干干干				
干 gàn (일을) 하다	干			
	干活(儿) gànhuó(r) 일을 하다	干活(儿) gànhuó(r)		

跟跟跟跟跟跟跟跟跟跟跟跟跟				
跟 gēn ~에게, ~와	跟			
	跟着 gēnzhe 따라가다	跟着 gēnzhe		

联联联联联联联联联联联联				
联 lián 연결하다	联			
	联合 liánhé 연합하다	联合 liánhé		

系系系系系系系				
系 xì 계통, 맺다	系			
	联系 liánxì 연락하다	联系 liánxì		

STEP 1 녹음을 듣고, 대화의 내용을 추측해 보세요. ▶ W01-01

STEP 2 녹음을 들으며 빈칸에 알맞은 단어와 한어병음을 써 보세요.

❶ ▶ W01-02

张京
喂，你好！明明在吗？
Wéi, nǐ hǎo!　Míngming zài ma?

李明的室友
他不在，你＿＿＿＿＿他有什么事吗？
Tā bú zài,　nǐ zhǎo tā yǒu shénme shì ma?

张京
＿＿＿＿＿＿＿。请转告他，张京打过电话。
Méi shénme.　Qǐng zhuǎngào tā, Zhāng Jīng dǎguo diànhuà.

李明的室友
好的，再见。
Hǎo de,　zàijiàn.

❷ ▶ W01-03

张京
民秀，你＿＿＿＿＿做什么呢？
Mínxiù,　nǐ zài zuò shénme ne?

朴民秀
我在＿＿＿＿＿呢。
Wǒ zài yùndòng ne.

张京
听说下周六是明明的生日。
Tīngshuō xiàzhōuliù shì Míngming de shēngrì.

朴民秀 　　　　　　咱们几个聚一下吧。
Nà zánmen jǐ ge jù yíxià ba.

③ ▶ W01-04

张京 　　明明，你在 　　　　　呢？
Míngming, nǐ zài gàn shénme ne?

李明 　　哦，我 　　　给你打电话呢。
Ó,　wǒ zhèng yào gěi nǐ dǎ diànhuà ne.

张京 　　下周六你 　　　时间？一起吃饭吧。
Xiàzhōuliù nǐ yǒu méiyǒu shíjiān?　Yìqǐ chī fàn ba.

李明 　　　　　没有时间。下周五晚上怎么样？
Kěnéng méiyǒu shíjiān.　Xiàzhōuwǔ wǎnshang zěnmeyàng?

张京 　　好的，我再 　　　你联系。
Hǎo de,　wǒ zài gēn nǐ liánxì.

STEP ③ 역할을 바꾸어 대화해 봅시다.

① A형 ▶ W01-05　　　　　　② B형 ▶ W01-06

☞ 녹음은 두 번 반복되어 나옵니다.
　① A형에는 첫 번째 사람의 녹음이 비어 있습니다.
　② B형에는 두 번째 사람의 녹음이 비어 있습니다.
　녹음이 빈 부분에 자신의 목소리로 스피킹 연습을 해 보세요.
　(매 과 본문 받아쓰기&스피킹 훈련의 STEP3 연습 방법은 동일하며,
　연습 방법 설명은 1과에만 제시합니다.)

1 다음 중국어 단어에 알맞은 한어병음을 고르세요.

(1) 运动 •   A tīngshuō

(2) 干 •   B yùndòng

(3) 听说 •   C kěnéng

(4) 可能 •   D gēn

(5) 跟 •   E gàn

2 다음 그림을 보고 빈칸에 알맞은 중국어 단어를 쓰세요.

(1) 她_____。   (2) 他_____。

(3) 她_____。   (4) 她_____。

3 다음 그림을 보고 빈칸에 알맞은 중국어를 써서 대화를 완성하세요.

(1) A 你_____什么呢？

   B 我在学习汉语呢。

(2) A 最近忙_____？

   B 不忙。

(3) A 这个星期六你有_____时间？

   B _____没有时间。

4 다음 한국어 문장을 보고 중국어 문장을 완성하세요.

(1) 장징이 전화했었다고 전해 주세요.　⋯　请_____他，张京_____电话。

(2) 마침 당신에게 전화하려고 했어요.　⋯　我_____给你打电话呢。

(3) 지금 뭐 하고 있어요?　　　　　　　⋯　你_____干什么呢？

(4) 제가 다시 연락할게요.　　　　　　　⋯　我_____跟你联系。

5 다음 질문에 중국어로 대답해 보세요.

(1) 이번 주 일요일에 시간 있어요? 함께 영화 보러 가는 거 어때요?

(2) 저에게 전화하셨던데, 무슨 일이시죠?

气气气气

气 qì 기후, 공기	气			
	天气 tiānqì 날씨	天气 tiānqì		

预预预予预预预预预预

预 yù 미리, 사전에	预			
	预习 yùxí 예습하다	预习 yùxí		

报报报报报报报

报 bào 알리다, 신문	报			
	预报 yùbào 예보(하다)	预报 yùbào		

热热热热热热热热热热

热 rè 덥다, 뜨겁다	热			
	热情 rèqíng 친절하다	热情 rèqíng		

门门门

门 mén 문, 출입구	门			
	出门 chūmén 외출하다	出门 chūmén		

欢 欢 欢 欢 欢 欢

| 欢 | | | | |

欢 **huān** 즐겁다, 좋아하다

喜欢 **xǐhuan** 좋아하다　喜欢 **xǐhuan**

节 节 节 节 节

| 节 | | | | |

节 **jié** 마디, 절기

季节 **jìjié** 계절　季节 **jìjié**

尔 尔 尔 尔 尔

| 尔 | | | | |

尔 **ěr** 너, 그대

首尔 **Shǒu'ěr** 서울　首尔 **Shǒu'ěr**

边 边 边 边 边

| 边 | | | | |

边 **bian** ~쪽

外边(儿) **wàibian(r)** 밖, 바깥　外边(儿) **wàibian(r)**

办 办 办 办 办

| 办 | | | | |

办 **bàn** 처리하다

怎么办 **zěnme bàn** 어떻게하다　怎么办 **zěnme bàn**

STEP ❶ 녹음을 듣고, 대화의 내용을 추측해 보세요. ▶ W02-01

STEP ❷ 녹음을 들으며 빈칸에 알맞은 단어와 한어병음을 써 보세요.

❶ ▶ W02-02

金珉 今天天气怎么样?
　　　Jīntiān tiānqì zěnmeyàng?

李明 非常好。今天＿＿＿＿昨天＿＿＿＿＿＿＿。
　　　Fēicháng hǎo. Jīntiān bǐ zuótiān nuǎnhuo.

金珉 天气预报＿＿＿＿＿，明天比今天冷。
　　　Tiānqì yùbào shuō,　míngtiān bǐ jīntiān lěng.

李明 明天出门＿＿＿＿＿点儿衣服吧。
　　　Míngtiān chūmén duō chuān diǎnr yīfu ba.

❷ ▶ W02-03

朴民秀 京京，你＿＿＿＿＿什么季节?
　　　　Jīnjing,　nǐ xǐhuan shénme jìjié?

张京 我喜欢春天。春天不冷＿＿＿＿＿热。
　　　Wǒ xǐhuan chūntiān. Chūntiān bù lěng yě bú rè.

朴民秀　　首尔的春天很干燥，北京呢？
Shǒu'ěr de chūntiān hěn gānzào, Běijīng ne?

张京　　北京的春天比首尔　　　　干燥。
Běijīng de chūntiān bǐ Shǒu'ěr gèng gānzào.

3 ▶ W02-04

张京　　金珉，我要出去跑步了。
Jīn Mín, wǒ yào chūqù pǎobù le.

金珉　　你看！　　　　下雨了。
Nǐ kàn! Wàibianr xiàyǔ le.

张京　　哎呀！怎么办？
Āiyā! Zěnme bàn?

金珉　　　　　　去跑步了，在家　　　　书吧。
Bié qù pǎobù le, zài jiā kànkan shū ba.

STEP 3 역할을 바꾸어 대화해 봅시다.

① A형 ▶ W02-05

② B형 ▶ W02-06

1 다음 중국어 단어에 알맞은 한어병음을 고르세요.

(1) 季节 •   A nuǎnhuo

(2) 暖和 •   B xǐhuan

(3) 喜欢 •   C tiānqì

(4) 跑步 •   D jìjié

(5) 天气 •   E pǎobù

2 다음 그림을 보고 빈칸에 알맞은 중국어 단어를 쓰세요.

苹果 9块 / 1斤

西瓜 2块 / 1斤

草莓 3块 / 1斤

香蕉 4块 / 1斤

(1) 苹果_____贵。

(2) 西瓜比苹果_____。

(3) 草莓_____苹果便宜。

(4) 香蕉_____苹果贵。

3 다음 그림을 보고 빈칸에 알맞은 중국어를 써서 대화를 완성하세요.

12월 24일 토요일
날씨: 비
온도: −10℃

12월 25일 일요일
날씨: 맑음
온도: −1℃

(1) A 这个星期六天气_____?

   B _____。

(2) A 多少度?

   B 零下_____。

(3) A 这个星期天天气怎么样?

   B 星期天比星期六天气_____。

4 다음 한국어 문장을 보고 중국어 문장을 완성하세요.

(1) 일기예보에서 내일이 오늘보다 춥대요. ···· 天气预报说,_____。

(2) 봄은 춥지도 않고 덥지도 않잖아요. ···· 春天不冷_____。

(3) 베이징은 봄에 서울보다 더 건조해요. ···· 北京的春天比首尔_____。

(4) 저는 조깅하러 갈게요. ···· 我要出去_____。

5 다음 질문에 중국어로 대답해 보세요.

(1) 오늘 날씨는 어때요?

(2) 어느 계절을 좋아하세요?

铁 铁 铁 铁 铁 铁 铁 铁 铁 铁

铁

铁

地铁 地铁
dìtiě 지하철　　dìtiě

tiě 철, 쇠

路 路 路 路 路 路 路 路 路 路 路 路 路

路

路

路人 路人
lùrén 행인　　lùrén

lù 길, 도로

直 直 直 直 直 直 直 直

直

直

一直 一直
yìzhí 곧장, 줄곧　　yìzhí

zhí 곧다, 똑바르다

离 离 离 离 离 离 离 离 离 离

离

离

离这儿 离这儿
lí zhèr 여기부터　　lí zhèr

lí ~에서부터

远 远 远 远 远 远 远

远

远

远方 远方
yuǎnfāng 먼곳　　yuǎnfāng

yuǎn 멀다

车 车 车 车

车

车

车

chē 차

下车　　下车

xiàchē 차에서 내리다　　xiàchē

从 从 从 从

从

从

从

cóng ~부터

从首尔　从首尔

cóng Shǒu'ěr 서울에서　cóng Shǒu'ěr

拐 拐 拐 拐 拐 拐 拐 拐

拐

拐

拐

guǎi 방향을 바꾸다

往右拐　　往右拐

wǎng yòu guǎi 우회전하다　wǎng yòu guǎi

店 店 广 广 庁 店 店 店

店

店

店

diàn 상점, 가게

商店　　商店

shāngdiàn 상점　shāngdiàn

旁 旁 旁 旁 旁 旁 旁 旁 旁 旁

旁

旁

旁

páng 옆, 가, 곁

旁边(儿)　旁边(儿)

pángbiān(r) 옆쪽　pángbiān(r)

STEP ❶ 녹음을 듣고, 대화의 내용을 추측해 보세요. ▶ W03-01

STEP ❷ 녹음을 들으며 빈칸에 알맞은 단어와 한어병음을 써 보세요.

❶ ▶ W03-02

张京　请问，地铁站＿＿＿＿＿走？
　　　Qǐngwèn, dìtiězhàn zěnme zǒu?

路人　过马路，一直＿＿＿＿＿走。
　　　Guò mǎlù,　yìzhí wǎng qián zǒu.

张京　＿＿＿＿＿这儿远吗？
　　　Lí zhèr yuǎn ma?

路人　不远，就在前边儿。
　　　Bù yuǎn, jiù zài qiánbiānr.

❷ ▶ W03-03

张京　去雪山饭店在哪儿＿＿＿＿＿？
　　　Qù Xuěshān Fàndiàn zài nǎr xiàchē?

路人　在首尔站下车＿＿＿＿＿。
　　　Zài Shǒu'ěrzhàn xiàchē jiù xíng.

张京　　还要＿＿＿＿＿＿时间？
Hái yào duō cháng shíjiān?

路人　　十分钟就到。
Shí fēnzhōng jiù dào.

③ ▶ W03-04

张京　　金珉，我在首尔站，＿＿＿＿＿怎么走？
Jīn Mín, wǒ zài Shǒu'ěrzhàn, cóng zhèr zěnme zǒu?

金珉　　在前边儿的＿＿＿＿＿＿＿往右拐。
Zài qiánbianr de shízì lùkǒu wǎng yòu guǎi.

张京　　然后呢？
Ránhòu ne?

金珉　　再往前走十米，前边儿有个商店，
Zài wǎng qián zǒu shí mǐ, qiánbianr yǒu ge shāngdiàn,

　　　　雪山饭店就在商店的＿＿＿＿＿＿。
Xuěshān Fàndiàn jiù zài shāngdiàn de pángbiānr.

STEP ③ 역할을 바꾸어 대화해 봅시다.

① A형 ▶ W03-05　　　　② B형 ▶ W03-06

1 다음 중국어 단어에 알맞은 한어병음을 고르세요.

(1) 分钟　　　•　　　　　A dìtiě

(2) 过　　　　•　　　　　B fēnzhōng

(3) 地铁　　　•　　　　　C guò

(4) 旁边(儿)　•　　　　　D xiàchē

(5) 下车　　　•　　　　　E pángbiān(r)

2 다음 그림을 보고 빈칸에 알맞은 중국어 단어를 쓰세요.

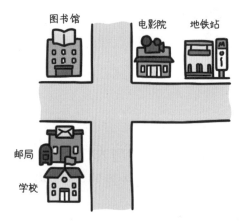

(1) 电影院在＿＿＿＿＿＿＿＿＿。

(2) 学校后边(儿)＿＿＿＿＿＿＿＿＿。

(3) ＿＿＿＿＿＿＿＿电影院对面(儿)。

(4) 邮局前边(儿)＿＿＿＿＿＿＿＿＿。

3 다음 그림을 보고 빈칸에 알맞은 중국어를 써서 대화를 완성하세요.

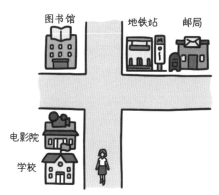

(1) A ＿＿＿＿一下，地铁站怎么走？

B 一直＿＿＿＿走。

(2) A ＿＿＿＿＿＿＿远不远？

B 不远，前边(儿)就是。

(3) A 邮局怎么走？

B 邮局＿＿＿＿＿＿＿＿＿＿＿＿。

4 다음 한국어 문장을 보고 중국어 문장을 완성하세요.

(1) 말씀 좀 여쭤 볼게요,
지하철역은 어떻게 가죠?　⋯▸ 请问，地铁站＿＿＿＿＿＿？

(2) 서울역에서 가려면 어디에서 내려요?　⋯▸ 去首尔站＿＿＿＿＿＿＿＿？

(3) 10분이면 도착해요.　⋯▸ ＿＿＿＿＿＿＿＿就到。

(4) 앞에 있는 사거리에서 우회전하세요.　⋯▸ 在前边(儿)的十字路口＿＿＿＿＿＿。

5 다음 질문에 중국어로 대답해 보세요.

(1) 경복궁(景福宫 Jǐngfúgōng)에 가려면 어디에서 내려요?

(2) 지하철역은 어떻게 가요?

末 末 末 末 末

末	末			
mò 끝	周末 zhōumò 주말	周末 zhōumò		

经 经 经 经 经 经 经 经

经	经			
jīng 경과하다	已经 yǐjing 이미	已经 yǐjing		

脸 脸 脸 脸 脸 脸 脸 脸 脸 脸 脸

脸	脸			
liǎn 얼굴	脸色 liǎnsè 안색, 낯빛	脸色 liǎnsè		

较 较 较 较 较 较 较 较 较 较

较	较			
jiào 비교적, 좀	比较 bǐjiào 비교적	比较 bǐjiào		

写 写 写 写 写

写	写			
xiě 쓰다	写作业 xiě zuòyè 숙제를 하다	写作业 xiě zuòyè		

业 业 业 业 业 业

业
yè 일

业

作业
zuòyè 숙제

作业
zuòyè

休 休 休 什 休 休

休
xiū 정지하다, 휴식하다

休

休息
xiūxi 휴식하다, 쉬다

休息
xiūxi

汉 汉 汉 汉 汉

汉
Hàn 한[국가명]

汉

汉语
Hànyǔ 한어, 중국어

汉语
Hànyǔ

复 复 复 复 复 复 复 复 复

复
fù 중복하다, 다시

复

复习
fùxí 복습하다

复习
fùxí

功 功 功 功 功

功
gōng 공로

功

用功
yònggōng 열심히 공부하다

用功
yònggōng

STEP ❶ 녹음을 듣고, 대화의 내용을 추측해 보세요. ▶ W04-01

STEP ❷ 녹음을 들으며 빈칸에 알맞은 단어와 한어병음을 써 보세요.

❶ ▶ W04-02

朴民秀   周末你做什么了？
        Zhōumò nǐ zuò shénme le?

张京   我妈来首尔了， 我们一起去＿＿＿＿＿了。
        Wǒ mā lái Shǒu'ěr le, wǒmen yìqǐ qù guàngjiē le.

朴民秀   你妈妈还在首尔吗？
        Nǐ māma hái zài Shǒu'ěr ma?

张京   她＿＿＿＿＿回上海了。
        Tā yǐjing huí Shànghǎi le.

❷ ▶ W04-03

张京   你最近脸色不太好啊，＿＿＿＿＿吧？
        Nǐ zuìjìn liǎnsè bú tài hǎo a, méishì ba?

朴民秀   这学期课比较多，天天写作业，累＿＿＿＿＿。
        Zhè xuéqī kè bǐjiào duō, tiāntiān xiě zuòyè, lèi sǐ le.

张京   昨晚睡了几个小时？
        Zuówǎn shuìle jǐ ge xiǎoshí?

朴民秀　只＿＿＿＿三个小时。
Zhǐ shuìle sān ge xiǎoshí.

周末我想在家＿＿＿＿＿＿休息。
Zhōumò wǒ xiǎng zài jiā hǎohāor xiūxi.

3 ▶ W04-04

朴民秀　你晚上＿＿＿＿做什么？
Nǐ wǎnshang yìbān zuò shénme?

张京　我每晚运动一个小时，＿＿＿回宿舍。你呢？
Wǒ měiwǎn yùndòng yí ge xiǎoshí, ránhòu huí sùshè. Nǐ ne?

朴民秀　我最近＿＿＿听汉语课，每晚复习一小时。
Wǒ zuìjìn zhèngzài tīng Hànyǔ kè, méi wǎn fùxí yì xiǎoshí.

张京　哇，好＿＿＿＿啊！
Wā, hǎo yònggōng a!

STEP 3 역할을 바꾸어 대화해 봅시다.

① A형　▶ W04-05

② B형　▶ W04-06

1 다음 중국어 단어에 알맞은 한어병음을 고르세요.

(1) 写 • A zhōumò

(2) 比较 • B xiě

(3) 周末 • C bǐjiào

(4) 休息 • D xiǎoshí

(5) 小时 • E xiūxi

2 다음 그림을 보고 빈칸에 알맞은 중국어 단어를 쓰세요.

(1) A 周末你做什么了?

　　B 我跟妈妈一起＿＿＿＿＿＿＿。

(2) A 你晚上一般做什么?

　　B 我晚上一般运动＿＿＿＿＿＿。

(3) A 你一般睡几个小时?

　　B 我一般睡＿＿＿＿＿＿＿。

3 다음 내용을 보고 질문에 알맞은 대답을 중국어로 쓰세요.

> 我最近很忙。
> 这学期课比较多，天天写作业。
> 最近我正在听汉语课，每晚复习一小时。
> 周末我想在家好好儿休息。

(1) 民秀最近怎么样？

(2) 民秀晚上一般做什么？

(3) 民秀最近正在听汉语课吗？

(4) 民秀周末想做什么？

4 다음 한국어 문장을 보고 중국어 문장을 완성하세요.

(1) 어머니께서는 아직 서울에 계시나요?　⋯ 你妈妈_____在首尔吗？

(2) 그녀는 이미 상하이로 돌아갔어요.　⋯ 她_____回上海_____。

(3) 어젯밤에는 몇 시간 잤어요?　⋯ 昨晚_____几个小时？

(4) 와, 정말 열심히 하는군요!　⋯ 哇，_____用功_____！

5 다음 질문에 중국어로 대답해 보세요.

(1) 어제 몇 시간 잤어요?

(2) 저녁에 보통 무엇을 하세요?

爱 爱 爱 爱 爱 爱 爱 爱 爱 爱

爱

爱

ài 사랑하다, 좋아하다

爱好
àihào 취미

爱好
àihào

游 游 游 游 游 游 游 游 游 游 游 游

游

游

yóu 헤엄치다

游泳
yóuyǒng 수영하다

游泳
yóuyǒng

为 为 为 为

为

为

wèi ~때문에

为什么
wèishénme 왜

为什么
wèishénme

减 减 减 减 减 减 减 减 减 减 减

减

减

jiǎn 덜다, 감하다

减少
jiǎnshǎo 감소하다

减少
jiǎnshǎo

肥肥肥肥肥肥肥肥

肥	肥				
féi 살지다, 비계	减肥 jiǎnféi 다이어트하다	减肥 jiǎnféi			

歌歌歌歌歌歌歌歌歌歌歌歌歌歌

歌	歌				
gē 노래	唱歌 chànggē 노래를 부르다	唱歌 chànggē			

秘秘秘秘秘秘秘秘秘秘

秘	秘				
mì 비밀이다	秘密 mìmì 비밀	秘密 mìmì			

诀诀诀诀诀诀

诀	诀				
jué 비결	秘诀 mìjué 비결	秘诀 mìjué			

STEP **1** 녹음을 듣고, 대화의 내용을 추측해 보세요. ▶ W05-01

STEP **2** 녹음을 들으며 빈칸에 알맞은 단어와 한어병음을 써 보세요.

1 ▶ W05-02

朴民秀   你的＿＿＿＿＿是什么？
　　　　 Nǐ de àihào shì shénme?

张京　　 我的＿＿＿＿＿是游泳。
　　　　 Wǒ de àihào shì yóuyǒng.

朴民秀   你为什么喜欢游泳？
　　　　 Nǐ wèishénme xǐhuan yóuyǒng?

张京　　 游泳＿＿＿身体好，还＿＿＿＿＿减肥呢。
　　　　 Yóuyǒng duì shēntǐ hǎo, hái kěyǐ jiǎnféi ne.

2 ▶ W05-03

金珉　　 昨晚我跟京京去K歌了。
　　　　 Zuówǎn wǒ gēn Jīngjing qù K gē le.

朴民秀   她唱歌＿＿＿＿＿怎么样？
　　　　 Tā chànggē chàng de zěnmeyàng?

金珉　　 她＿＿＿＿＿非常好。你唱得＿＿＿＿＿？
　　　　 Tā chànggē chàng de fēicháng hǎo. Nǐ chàng de zěnmeyàng?

朴民秀 　　　我唱得＿＿＿＿＿＿＿＿。
　　　　　　Wǒ chàng de bù zěnmeyàng.

❸ ▶ W05-04

张京 　　　你汉语说得真好啊。
　　　　　Nǐ Hànyǔ shuō de zhēn hǎo a.

朴民秀 　　　哪儿啊，还＿＿＿＿＿＿＿呢。
　　　　　　Nǎr a, 　　hái chà de yuǎn ne.

张京 　　　有什么＿＿＿＿＿吧？
　　　　　Yǒu shénme mìjué ba?

朴民秀 　　　没什么，我每个星期都看＿＿＿中国电影。
　　　　　　Méi shénme, wǒ měi ge xīngqī dōu kàn yí bù Zhōngguó diànyǐng.

张京 　　　你最喜欢哪一部？
　　　　　Nǐ zuì xǐhuan nǎ yí bù?

朴民秀 　　　周杰伦的《不能说的秘密》，真好看。
　　　　　　Zhōu Jiélún de《Bù néng shuō de mìmì》, zhēn hǎokàn.

STEP ❸ 역할을 바꾸어 대화해 봅시다.

① A형 ▶ W05-05　　　　　　② B형 ▶ W05-06

1 다음 중국어 단어에 알맞은 한어병음을 고르세요.

(1) 差 •　　　　　　A　hǎokàn

(2) 好看 •　　　　　　B　yóuyǒng

(3) 唱歌 •　　　　　　C　chànggē

(4) 游泳 •　　　　　　D　àihào

(5) 爱好 •　　　　　　E　chà

2 다음 그림을 보고 빈칸에 알맞은 중국어를 써서 대화를 완성하세요.

京京

民秀

京京

(1)　A　京京的爱好是＿＿＿＿＿？

　　　B　她的爱好是＿＿＿＿＿。

(2)　A　民秀＿＿＿＿＿做什么？

　　　B　他非常喜欢看＿＿＿＿＿。

(3)　A　京京唱歌唱得怎么样？

　　　B　她＿＿＿＿得＿＿＿＿好。

3 다음 내용을 보고 질문에 알맞은 대답을 중국어로 쓰세요.

> 我喜欢游泳。游泳对身体好，还可以减肥呢。
> 也很喜欢唱歌。我唱歌唱得很好。
> 昨晚我跟民秀去K歌了。他唱得不怎么样。
> 但是他汉语说得非常好。他每个星期都看一部中国电影。

(1) 京京的爱好是什么？

(2) 她为什么喜欢游泳？

(3) 她唱歌唱得怎么样？

(4) 民秀汉语说得怎么样？

4 다음 한국어 문장을 보고 중국어 문장을 완성하세요.

(1) 왜 수영을 좋아하세요?　　⋯ 你_____喜欢游泳？

(2) 수영은 건강에도 좋고, 다이어트도 할 수 있잖아요.

　　⋯ 游泳_____身体_____，还可以减肥呢。

(3) 저는 노래 잘 못해요.　　⋯ 我唱得_____。

(4) 뭘요, 아직 멀었습니다(잘하려면 아직 많이 모자랍니다).

　　⋯ 哪儿啊，还_____得远呢。

5 다음 질문에 중국어로 대답해 보세요.

(1) 수영할 수 있으세요? 수영 잘하세요?

(2) 중국어 할 줄 아세요? 잘하세요?

韩韩韩韩韩韩韩韩韩韩韩韩

韩
Hán 한국

韩			
韩国	韩国		
Hánguó 한국	Hánguó		

币币币币

币
bì 화폐

币			
韩币	韩币		
Hánbì 원화, 한화	Hánbì		

银银银银银银银银银银银

银
yín 은, 돈

银			
银行	银行		
yínháng 은행	yínháng		

单单单单单单单单单

单
dān 혼자, 품목을 쓴 종이

单			
单子	单子		
dānzi 명세서, 표	dānzi		

签签签签签签签签签签签签签

签
qiān 서명하다

签			
签字	签字		
qiānzi 서명하다	qiānzì		

关 关 关 关 关 关

关
guān 닫다

关
关门
guānmén 문을 닫다
关门
guānmén

邮 邮 邮 邮 邮 邮 邮

邮
yóu 우편의

邮
邮局
yóujú 우체국
邮局
yóujú

词 词 词 词 词 词 词

词
cí 단어

词
词典
cídiǎn 사전
词典
cídiǎn

斤 斤 斤 斤

斤
jīn 근

斤
公斤
gōngjīn 킬로그램
公斤
gōngjīn

费 费 费 费 费 费 费 费 费

费
fèi 비용

费
邮费
yóufèi 우편요금
邮费
yóufèi

STEP ❶ 녹음을 듣고, 대화의 내용을 추측해 보세요. ▶ W07-01

STEP ❷ 녹음을 들으며 빈칸에 알맞은 단어와 한어병음을 써 보세요.

❶ ▶ W07-02

李明　　我要_____，一元人民币是多少韩币？
Wǒ yào huànqián, yì yuán Rénmínbì shì duōshao Hánbì?

银行职员　1比189，您要换_____？
Yī bǐ yìbǎi bāshíjiǔ, nín yào huàn duōshao?

李明　　一千块人民币，都_____韩币。
Yìqiān kuài Rénmínbì, dōu huànchéng Hánbì.

银行职员　请_____单子，在下面儿签字。
Qǐng tián yíxià dānzi,　zài xiàmiànr qiānzì.

❷ ▶ 07-03

张京　　这儿附近_____银行？我要取钱。
Zhèr fùjìn yǒu méiyǒu yínháng?　Wǒ yào qǔqián.

金珉　　你昨天不是_____吗？
Nǐ zuótiān bú shì qǔguo qián ma?

张京　　_____昨天买了很多书，
Yīnwèi zuótiān mǎile hěn duō shū,

　　　　_____钱都花光了。
suǒyǐ qián dōu huāguāng le.

金珉　　銀行＿＿＿＿关门了，
　　　　　Yínháng jiù yào guānmén le,

　　　　学生食堂里有＿＿＿＿＿＿＿＿＿。
　　　　xuésheng shítáng lǐ yǒu zìdòng qǔkuǎnjī.

3 ▶ W07-04

张京　　我要＿＿＿＿包裹。
　　　　Wǒ yào jì bāoguǒ.

邮局职员　请＿＿＿＿这里吧。您＿＿＿＿哪里？
　　　　Qǐng fàngzài zhèlǐ ba.　　Nín jìdào nǎlǐ?

张京　　中国上海。
　　　　Zhōngguó Shànghǎi.

邮局职员　＿＿＿＿里面儿是什么？
　　　　Bāoguǒ lǐmianr shì shénme?

张京　　里面儿有电子词典、书＿＿＿＿DVD。
　　　　Lǐmianr yǒu diànzǐ cídiǎn、shū hé DVD.

邮局职员　总共两公斤，邮费三万。
　　　　Zǒnggòng liǎng gōngjīn, yóufèi sānwàn.

STEP 3 역할을 바꾸어 대화해 봅시다.

① A형　▶ W07-05　　　　② B형　▶ W07-06

1 다음 중국어 단어에 알맞은 한어병음을 고르세요.

(1) 关门 •   A guānmén

(2) 银行 •   B fùjìn

(3) 所以 •   C huànqián

(4) 附近 •   D yínháng

(5) 换钱 •   E suǒyǐ

2 다음 그림을 보고 빈칸에 알맞은 중국어를 써서 대화를 완성하세요.

(1) A 附近_____银行?
    B 学校旁边(儿)就有。

(2) A 我要_____, 一元人民币是多少韩币?
    B 1_____189。

(3) A 你要换_____?
    B 一千块人民币, 都换_____韩币。

3 다음 내용을 보고 질문에 알맞은 대답을 중국어로 쓰세요.

我昨天买了很多书，所以钱都花光了。
下午我想取钱，但是银行已经关门了。
学生食堂里有自动取款机。我取了十万元。

(1) 明明为什么取钱了？

(2) 他为什么没在银行取钱？

(3) 他取了多少钱？

4 다음 한국어 문장을 보고 중국어 문장을 완성하세요.

(1) 소포를 부치려고 합니다. ┈┈▶ 我要＿＿＿＿＿＿＿＿。

(2) 어제 돈을 찾지 않았어요? ┈┈▶ 你＿＿＿＿昨天取过钱＿＿？

(3) 은행은 곧 문을 닫습니다. ┈┈▶ 银行＿＿＿＿关门＿＿。

(4) 여기에 놓으세요. ┈┈▶ ＿＿＿放＿＿这里吧。

5 다음 질문에 중국어로 대답해 보세요.

(1) 외국에 있는 친구에게 소포를 보낸 적이 있나요? 어디로 무엇을 보냈나요?

(2) 지금 인민폐 1위안은 한국 돈으로 얼마인가요?

医 医 医 医 医 医 医

医	医				
yī 의사, 의학	医院	医院			
	yīyuàn 병원	yīyuàn			

历 历 历 历

历	厉				
lì 엄격하다, 세차다	厉害	厉害			
	lìhai 대단하다, 극심하다	lìhai			

发 发 发 发 发

发	发				
fā 보내다, 발생하다	发生	发生			
	fāshēng 발생하다	fāshēng			

烧 烧 烧 烧 烧 烧 烧 烧 烧 烧

烧	烧				
shāo 가열하다, 열이 나다	发烧	发烧			
	fāshāo 열이 나다	fāshāo			

开 开 开 开

开	开				
kāi 열다, 쓰다	开门	开门			
	kāimén 문을 열다	kāimén			

药 药 药 药 药 药 药 药 药

药

药			
开药	开药		
kāiyào 약을 처방하다	kāiyào		

yào 약

此 此 此 此 此 此 此 些

些

些			
这些	这些		
zhèxiē 이러한, 이런 것들	zhèxiē		

xiē 좀, 조금

担 担 担 担 担 担 担 担

担

担			
担心	担心		
dānxīn 걱정하다	dānxīn		

dān 맡다, 담당하다

帮 帮 帮 帮 帮 帮 帮 帮 帮

帮

帮			
帮助	帮助		
bāngzhù 돕다	bāngzhù		

bāng 돕다

意 意 意 意 意 意 意 意 意 意 意

意

意			
注意	注意		
zhùyì 주의하다	zhùyì		

yì 생각, 뜻

STEP 1 녹음을 듣고, 대화의 내용을 추측해 보세요. ▶ W08-01

STEP 2 녹음을 들으며 빈칸에 알맞은 단어와 한어병음을 써 보세요.

① ▶ W08-02

张老师:
Zhāng lǎoshī:

我身体＿＿＿＿不舒服，不能上课，想＿＿＿＿一天。
Wǒ shēntǐ yǒudiǎnr bù shūfu, bù néng shàngkè, xiǎng qǐngjià yì tiān.

学生 张京
Xuésheng Zhāng Jīng

朴民秀　听说你生病了，现在怎么样了？
Tīngshuō nǐ shēngbìng le, xiànzài zěnmeyàng le?

张京　肚子＿＿＿＿很疼。
Dùzi háishi hěn téng.

朴民秀　我＿＿＿你去医院吧。
Wǒ péi nǐ qù yīyuàn ba.

② ▶ W08-03

医生　你哪儿不舒服？
Nǐ nǎr bù shūfu?

张京　我肚子＿＿＿＿厉害，有点儿发烧。
Wǒ dùzi téng de lìhai, yǒudiǎnr fāshāo.

医生　我看看。……
Wǒ kànkan. ……

40

我给你开点儿药。 ___吃药就行了。
Wǒ gěi nǐ kāi diǎnr yào.　Ànshí chī yào jiù xíng le.

张京　医生，这些药都怎么吃？
　　　Yīshēng, zhèxiē yào dōu zěnme chī?

医生　每天吃___，每次___。
　　　Měitiān chī sān cì,　měi cì liǎng piàn.

3 ▶ W08-04

金珉　怎么样？好___了吗？
　　　Zěnmeyàng? Hǎo diǎnr le ma?

张京　好多了。谢谢你的关心。
　　　Hǎo duō le.　Xièxie nǐ de guānxīn.

金珉　你脸色不太好，还是多___几天吧。
　　　Nǐ liǎnsè bú tài hǎo,　háishi duō xiūxi jǐ tiān ba.

张京　下周___期末考试了，我___担心。
　　　Xiàzhōu kāishǐ qīmò kǎoshì le,　wǒ yǒudiǎnr dānxīn.

金珉　你___担心，我帮你复习。
　　　Nǐ bié dānxīn,　wǒ bāng nǐ fùxí.

张京　谢谢，你也多___身体啊。
　　　Xièxie,　nǐ yě duō zhùyì shēntǐ a.

STEP **3** 역할을 바꾸어 대화해 봅시다.

① A형　▶ W08-05　　　② B형　▶ W08-06

1 다음 중국어 단어에 알맞은 한어병음을 고르세요.

(1) 开始 •

(2) 医生 •

(3) 生病 •

(4) 疼 •

(5) 帮 •

A bāng

B téng

C shēngbìng

D yīshēng

E kāishǐ

2 다음 그림을 보고 빈칸에 알맞은 중국어를 써서 대화를 완성하세요.

(1) A 听说你_____，现在怎么样了？

B _____还是很疼。

(2) A 您哪儿_____？

B _____疼得厉害，有点儿发烧。

(3) A 这些药都怎么吃？

B 每天吃_____，每次_____。

3 다음 내용을 보고 질문에 알맞은 대답을 중국어로 쓰세요.

> 我昨天肚子疼得厉害，有点儿发烧。
> 今天也不舒服，没去上课。
> 下午我去医院看病了。医生说按时吃药就行。
> 我现在好多了。
> 下周开始期末考试了，我没有好好儿复习，所以有点担心。

(1) 京京为什么今天没去上课？

(2) 京京现在身体怎么样？

(3) 京京什么时候有考试？

4 다음 한국어 문장을 보고 중국어 문장을 완성하세요.

(1) 저는 몸이 좀 안 좋아서, 수업에 갈 수 없어요.

⋯▸ 我身体_____不舒服，_____上课。

(2) 배가 여전히 아파요.　　⋯▸ 肚子_____很疼。

(3) 좀 좋아졌어요?　　⋯▸ 好_____了吗？

(4) 며칠 더 쉬는 게 낫겠어요. ⋯▸ _____多休息_____吧。

5 다음 질문에 중국어로 대답해 보세요.

(1) 요즘 건강은 어떠세요?

(2) 중국어 선생님께 아파서 수업에 못 간다고 메일을 보내려고 합니다.
　　어떻게 말할까요?

诉 诉 诉 诉 诉 诉 诉

诉 | 诉 | | |

sù 알리다

告诉 | 告诉
gàosu 알리다 | gàosu

烦 烦 烦 烦 烦 烦 烦 烦 烦 烦

烦 | 烦 | | |

fán 괴롭다, 번거롭다

麻烦 | 麻烦
máfan 번거롭다, 귀찮다 | máfan

话 话 话 话 话 话 话 话

话 | 话 | | |

huà 말

说话 | 说话
shuōhuà 말하다 | shuōhuà

乐 乐 乐 乐 乐

乐 | 乐 | | |

yuè 음악

音乐 | 音乐
yīnyuè 음악 | yīnyuè

错 错 错 错 错 错 错 错 错 错 错 错 错

错			

错 cuò 틀리다

写错 写错
xiěcuò 잘못 쓰다　xiěcuò

继 继 继 继 继 继 继 继 继 继

继			

继 jì 계속하다, 잇다

继续 继续
jìxù 계속하다　jìxù

续 续 续 续 续 续 续 续 续 续 续

续			

续 xù 이어지다

继续 继续
jìxù 계속하다　jìxù

加 加 加 加 加

加			

加 jiā 더하다

加油 加油
jiāyóu 파이팅, 격려하다　jiāyóu

STEP 1 녹음을 듣고, 대화의 내용을 추측해 보세요. ▶ W09-01

STEP 2 녹음을 들으며 빈칸에 알맞은 단어와 한어병음을 써 보세요.

② ▶ W09-02

朴民秀 　京京，我＿＿＿中文写了作文。
　　　　Jīngjing, wǒ yòng Zhōngwén xiěle zuòwén.

　　　　你＿＿＿＿＿帮我看一下？
　　　　Nǐ néng bu néng bāng wǒ kàn yíxià?

张京　　没问题！你＿＿＿＿我的邮箱里吧。
　　　　Méi wèntí! Nǐ fādào wǒ de yóuxiāng lǐ ba.

朴民秀 　我还不知道你的＿＿＿＿＿＿＿＿呢。
　　　　Wǒ hái bù zhīdao nǐ de yóuxiāng dìzhǐ ne.

张京　　我现在＿＿＿＿你吧。
　　　　Wǒ xiànzài gàosu nǐ ba.

② ▶ W09-03

京京：
Jīngjing:

我给你发了我写的作文，＿＿＿＿＿你帮我看一下。
Wǒ gěi nǐ fāle wǒ xiě de zuòwén, máfan nǐ bāng wǒ kàn yíxia.

天凉了，＿＿＿＿＿身体！
Tiān liáng le, zhùyì shēntǐ!

民秀
Mínxiù

附件：
fùjiàn:

我有个中国朋友，她 ＿＿＿ 我汉语。
Wǒ yǒu ge Zhōngguó péngyou, tā jiāo wǒ Hànyǔ.

她 ＿＿ 笑，＿＿ 说话，喜欢 ＿＿＿ 音乐看书。
Tā ài xiào, ài shuōhuà, xǐhuan tīngzhe yīnyuè kàn shū.

我跟她在一起很 ＿＿＿ 。
Wǒ gēn tā zài yìqǐ hěn kuàilè.

❸ ▶ W09-04

民秀：
Mínxiù:

我 ＿＿＿ 收到你的邮件了，也 ＿＿＿ 了你的作文。
Wǒ yǐjing shōudào nǐ de yóujiàn le, yě kànwánle nǐ de zuòwén.

你写得挺好的，没有 ＿＿＿ 的地方。
Nǐ xiě de tǐng hǎo de, méiyǒu xiěcuò de dìfang.

继续 ＿＿＿ 吧！
Jìxù jiāyóu ba!

京京
Jīngjing

STEP ❸ 역할을 바꾸어 대화해 봅시다.

① A형 ▶ W09-05　　　　② B형 ▶ W09-06

1 다음 중국어 단어에 알맞은 한어병음을 고르세요.

(1) 知道 •　　　　　　A gàosu

(2) 笑 •　　　　　　　B xiào

(3) 说话 •　　　　　　C zhīdao

(4) 告诉 •　　　　　　D kuàilè

(5) 快乐 •　　　　　　E shuōhuà

2 다음 그림을 보고 빈칸에 알맞은 중국어를 써서 문장을 완성하세요.

(1) 老师＿＿＿＿＿学生＿＿＿＿＿。

(2) 学生在椅子上＿＿＿＿＿＿。

(3) 老师＿＿＿＿＿白色的衣服。

3 다음 내용을 보고 질문에 알맞은 대답을 중국어로 쓰세요.

> 我有个中国朋友，她教我汉语。
> 她爱笑，爱说话，喜欢听着音乐看书。
> 我跟她在一起很快乐。
> 她今天告诉我她的邮箱地址了。
> 我想常常跟她联系。

(1) 民秀的中国朋友教他什么？

(2) 民秀的中国朋友喜欢做什么？

(3) 民秀知不知道她的邮箱地址？

4 다음 한국어 문장을 보고 중국어 문장을 완성하세요.

(1) 저는 중국어로 작문을 했습니다.　⋯ 我＿＿＿＿＿＿写了作文。

(2) 저는 이미 메일을 받았습니다.　⋯ 我已经＿＿＿＿＿＿你的邮件了。

(3) 저는 아직 당신의 메일 주소를 모릅니다.
　⋯ 我＿＿＿＿＿＿你的邮箱地址呢。

(4) 아주 잘 썼고, 틀린 곳은 없어요.
　⋯ 你＿＿＿＿挺好的，没有＿＿＿＿的地方。

5 다음 질문에 중국어로 대답해 보세요.

(1) 중국인 친구가 있나요? 그 중국 친구와 어떤 방법으로 연락하나요?

(2) 친한 친구에 대해 중국어로 간단하게 말해 보세요.

结 结 结 结 结 结 结 结 结

结	结			
jié 결합하다, 끝맺다	结束 jiéshù 마치다	结束 jiéshù		

订 订 订 订

订	订			
dìng 예약하다	订票 dìngpiào 표를 예약하다	订票 dìngpiào		

准 准 准 准 准 准 准 准 准 准

准	准			
zhǔn 허락하다, 정확하다	准时 zhǔnshí 정시	准时 zhǔnshí		

备 备 备 备 备 备 备 备

备	备			
bèi 구비하다	准备 zhǔnbèi ~하려고 하다, 준비하다	准备 zhǔnbèi		

员 员 员 员 员 员 员

员	员			
yuán 어떤 분야에 종사하는 사람	售票员 shòupiàoyuán 매표원	售票员 shòupiàoyuán		

50

东 东 东 东 东

东

东

东方 | 东方

dōng 동쪽 | dōngfāng 동쪽 | dōngfāng

张 张 张 张 张 张 张

张

张

两张 | 两张

zhāng 장[양사] | liǎng zhāng 두 장 | liǎng zhāng

护 护 护 护 护 护 护

护

护

护照 | 护照

hù 보호하다 | hùzhào 여권 | hùzhào

场 场 场 场 场 场

场

场

机场 | 机场

chǎng 장소 | jīchǎng 공항 | jīchǎng

候 候 候 候 候 候 候 候 候 候

候

候

时候 | 时候

hòu 때, 계절, 기다리다 | shíhou 때, 시각 | shíhou

STEP 1 녹음을 듣고, 대화의 내용을 추측해 보세요. ▶ W10-01

STEP 2 녹음을 들으며 빈칸에 알맞은 단어와 한어병음을 써 보세요.

① ▶ W10-02

朴民秀 　　京京，你＿＿＿什么时候来韩国＿＿＿？
Jīngjing, nǐ shì shénme shíhou lái Hánguó de?

张京 　　我是去年来韩国的。
Wǒ shì qùnián lái Hánguó de.

朴民秀 　　这个学期＿＿＿＿后要回国吧？
Zhè ge xuéqī jiéshù hòu yào huíguó ba?

　　机票＿＿＿＿了吗？
Jīpiào dìnghǎo le ma?

张京 　　还没呢。我＿＿＿＿这周末订机票。
Hái méi ne. Wǒ zhǔnbèi zhè zhōumò dìng jīpiào.

② ▶ W10-03

售票员 　　您好！这里是东方航空。
Nín hǎo! Zhèlǐ shì dōngfāng Hángkōng.

张京 　　你好！我想订一张二十八号仁川到上海的机票。
Nǐ hǎo! Wǒ xiǎng dìng yì zhāng èrshíbā hào Rénchuān dào Shànghǎi de jīpiào.

售票员 　　请＿＿＿＿。二十八号上午十点五十分，可以吗？
Qǐng shāo děng. Èrshíbā hào shàngwǔ shí diǎn wǔshí fēn, kěyǐ ma?

| 张京 | 可以。我要＿＿＿＿＿票。 |
| | Kěyǐ.　　Wǒ yào wǎngfǎnpiào. |

售票员	好的。请＿＿＿＿我您的英文名字和
	Hǎo de.　Qǐng gàosu wǒ nín de Yīngwén míngzi hé
	护照号码。
	hùzhào hàomǎ.

3 ▶ W10-04

| 张京 | 喂，妈！我已经订好机票了。 |
| | Wéi,　mā!　Wǒ yǐjing dìnghǎo jīpiào le. |

| 妈妈 | ＿＿＿＿＿＿订的票？ |
| | Shéme shíhou dìng de piào? |

| 张京 | 是＿＿＿订的。二十八号十点五十分的飞机。 |
| | Shì zuótiān dìng de.　Èrshíbā hào shí diǎn wǔshí fēn de fēijī. |

| 妈妈 | 好的，我＿＿机场＿＿你吧。 |
| | Hǎo de,　wǒ qù jīchǎng jiē nǐ ba. |

| 张京 | 不用了，我＿＿＿＿就行了。 |
| | Bú yòng le,　wǒ dǎchē jiù xíng le. |

| 妈妈 | 那＿＿不行。妈会去接你，＿＿＿＿再联系！ |
| | Nà kě bù xíng.　　Mā huì qù jiē nǐ, dào shíhou zài liánxì! |

STEP **3** 역할을 바꾸어 대화해 봅시다.

① A형　▶ W10-05　　　　　② B형　▶ W10-06

1 다음 중국어 단어에 알맞은 한어병음을 고르세요.

(1) 结束 ・   A děng

(2) 等 ・   B zhǔnbèi

(3) 准备 ・   C jiéshù

(4) 机票 ・   D huíguó

(5) 回国 ・   E jīpiào

2 다음 그림을 보고 빈칸에 알맞은 중국어를 쓰세요.

Departure (출발) Arrival (도착)	Date	Time	Terminal	Class
OZ 3033 ASIANA AIRLINES				
SEOUL INCHEON INT	20 DEC 25	10:50		ECONOMY /B
SHANGHAI	20 DEC 25	13:50		
ISSUING (발행)	30 NOV 25		ASIANA AIRLINES	

(1) A 机票订好了吗?

     B _____。

(2) A 是几点的飞机?

     B _____的飞机。

(3) A 什么时候订的票?

     B 是_____的。

3 다음 내용을 보고 질문에 알맞은 대답을 중국어로 쓰세요.

我是去年来韩国的。 时间过得真快。

这个学期结束后就回国了。

我已经订了飞机票，是十二月二十八号十点五十分的飞机。

晚上给妈打电话了。 妈说我回国的那天到机场来接我。

* 过 guò (시간)을 보내다, 흐르다

(1) 京京是什么时候来韩国的?

(2) 她什么时候回国?

(3) 她打算坐什么回国?

(4) 她回国的那天谁来机场接她?

4 다음 한국어 문장을 보고 중국어 문장을 완성하세요.

(1) 제가 공항에 마중 나갈게요.   ⋯ 我去机场_____你吧。

(2) 비행기표는 예약했나요?   ⋯ 机票_____吗?

(3) 언제 한국에 오셨어요?   ⋯ 你____什么时候来韩国____?

(4) 영문 이름과 여권 번호를 알려 주세요.

⋯ 请告诉我您的_____和_____号码。

5 다음 질문에 중국어로 대답해 보세요.

(1) 오늘 숙제는 다 했나요? (결과보어 好 사용)

(2) 어디에서 저녁을 드셨나요? (是…的문 사용)

收 收 收 收 收 收

收	收			
shōu 거두다	收下 收下			
	shōuxià 받다　　shōuxià			

拾 拾 拾 拾 拾 拾 拾 拾 拾

拾	拾			
shí 정리하다, 줍다	收拾 收拾			
	shōushi 정리하다　　shōushi			

辣 辣 辣 辣 辣 辣 辣 辣 辣 辣 辣 辣 辣 辣

辣	辣			
là 맵다	辣味(儿) 辣味(儿)			
	làwèi(r) 매운 맛　　làwèi(r)			

炒 炒 炒 炒 炒 炒 炒 炒

炒	炒			
chǎo 볶다	炒菜 炒菜			
	chǎocài 요리하다, 볶음 요리　　chǎocài			

丿 人 仐 仐 命 合 拿 拿 拿 拿

拿

拿手　拿手

ná 가지다, 장악하다

náshǒu 뛰어나다, 잘하다　náshǒu

慢 慢 慢 慢 慢 慢 慢 慢 慢 慢 慢 慢

慢

慢慢儿　慢慢儿

màn 느리다

mànmānr 천천히　mànmānr

该 该 该 该 该 该 该 该

该

该走了　该走了

gāi ~해야 한다

gāi zǒu le 가야 한다　gāi zǒu le

会 会 会 会 会 会

会

一会儿　一会儿

huì 잠깐, 모이다

yìhuìr; yìhuǐr 잠시　yìhuìr; yìhuǐr

본문 받아쓰기 & 스피킹 훈련

STEP 1 녹음을 듣고, 대화의 내용을 추측해 보세요. ▶ W11-01

STEP 2 녹음을 들으며 빈칸에 알맞은 단어와 한어병음을 써 보세요.

① ▶ W11-02

朴民秀　　你后天＿＿＿走了, 行李都收拾好了＿＿＿＿?
　　　　　Nǐ hòutiān jiù zǒu le, xíngli dōu shōushi hǎo le méiyou?

张京　　　都收拾＿＿＿了。
　　　　　Dōu shōushi hǎo le.

朴民秀　　＿＿＿＿＿明天有时间, 来我家吃饭吧。
　　　　　Yàoshi míngtiān yǒu shíjiān, lái wǒ jiā chī fàn ba.

张京　　　太好了, 谢谢你。
　　　　　Tài hǎo le, xièxie nǐ.

② ▶ W11-03

张京　　　哇, 阿姨做了＿＿＿＿多好吃的菜啊!
　　　　　Wā, āyí zuòle zhème duō hǎochī de cài a!

朴民秀　　你＿＿＿吃辣的吗?
　　　　　Nǐ néng chī là de ma?

张京　　　我很喜欢吃辣的, 我＿＿＿吃辣炒年糕呢。
　　　　　Wǒ hěn xǐhuan chī là de, wǒ cháng chī làchǎoniángāo ne.

朴民秀　　这辣炒年糕是我妈的＿＿＿菜, ＿＿＿＿＿吃吧。
　　　　　Zhè làchǎoniángāo shì wǒ mā de náshǒucài, mànmānr chī ba.

张京　　　那我＿＿＿＿＿＿了。
　　　　　Nà wǒ bú kèqi le.

③ ▶ W11-04

张京　　　时间不早了，我＿＿＿回去了。
　　　　　Shíjiān bù zǎo le, wǒ gāi huíqù le.

朴民秀　　再坐＿＿＿＿＿吧。今天吃好了吗？
　　　　　Zài zuò yìhuǐr ba.　　　Jīntiān chīhǎo le ma?

张京　　　嗯，吃好了。我觉得韩国菜＿＿辣＿＿好吃。
　　　　　Ǹg, chīhǎo le.　Wǒ juéde Hánguócài yòu là yòu hǎochī.

朴民秀　　欢迎你再来韩国。
　　　　　Huānyíng nǐ zài lái Hánguó.

张京　　　我＿＿＿会再来的。再见！
　　　　　Wǒ yídìng huì zài lái de.　　Zàijiàn!

朴民秀　　我＿＿＿你回去吧。
　　　　　Wǒ sòng nǐ huíqù ba.

张京　　　你太客气了。不用送我了。
　　　　　Nǐ tài kèqi le.　　Bú yòng sòng wǒ le.

STEP ③ 역할을 바꾸어 대화해 봅시다.

① A형　▶ W11-05　　　　　② B형　▶ W11-06

1 다음 중국어 단어에 알맞은 한어병음을 고르세요.

(1) 常 ・　　　　　A shōushi

(2) 收拾 ・　　　　B là

(3) 辣 ・　　　　　C màn

(4) 慢 ・　　　　　D cháng

(5) 送 ・　　　　　E sòng

2 다음 그림을 보고 빈칸에 알맞은 중국어를 써서 대화를 완성하세요.

(1) A 行李都收拾好了没有？

　　 B 都_____了。

(2) A 要是明天有时间，_____吧。

　　 B 太好了，谢谢你。

(3) A 你能吃辣_____吗？

　　 B 我很_____吃辣____，我常吃辣炒年糕呢。

3 다음 내용을 보고 질문에 알맞은 대답을 중국어로 쓰세요.

京京要回国了，所以我请她来我家吃饭了。

她喜欢吃辣的。妈给我们做了辣炒年糕。

辣炒年糕是我妈的拿手菜。她说韩国菜又辣又好吃。

我真希望以后再跟她一起吃韩国菜。

* 希望 xīwàng ～하기를 바라다

(1) 民秀为什么请京京吃饭了？

(2) 他们是在哪儿吃的饭？

(3) 民秀妈妈的拿手菜是什么？

(4) 京京觉得韩国菜怎么样？

4 다음 한국어 문장을 보고 중국어 문장을 완성하세요.

(1) 늦었어요, 가야겠어요.　　⋯▶ 时间_____了，我_____回去了。

(2) 저는 꼭 다시 올 거예요.　　⋯▶ 我_____再来的。

(3) 매운 거 드실 수 있으세요?　⋯▶ 你能吃_____吗？

(4) 데려다주지 않으셔도 됩니다.　⋯▶ _____送我了。

5 다음 질문에 중국어로 대답해 보세요.

(1) 매운 음식 잘 드세요?

(2) 어떤 음식을 좋아하세요?

MEMO

MEMO

스마트
중국어

최신
개정

STEP
2

워크북

동양북스 채널에서 더 많은 도서
더 많은 이야기를 만나보세요!

 ▶ 유튜브

 ⊙ 인스타그램

 blog 블로그

 포스트

 f 페이스북

 카카오뷰

외국어 출판 45년의 신뢰
외국어 전문 출판 그룹
동양북스가 만드는 책은 다릅니다.

45년의 쉼 없는 노력과 도전으로 책 만들기에 최선을 다해온
동양북스는 오늘도 미래의 가치에 투자하고 있습니다.
대한민국의 내일을 생각하는 도전 정신과 믿음으로 최선을 다하겠습니다.

동양북스